認知症になってもひとりで暮らせる

社会福祉法人
協同福祉会 編

みんなでつくる「地域包括ケア社会」

クリエイツかもがわ
CREATES KAMOGAWA

はじめに

2025年には、団塊の世代がすべて後期高齢者となる時代を迎えます。しかし、実際には東京オリンピックが終わる頃からだんだんと75歳を越えていき、25年までに全国の後期高齢者の数は2000万人を超えるようになります。

高齢者の医療や介護は、ここからが本番です。なぜなら、75歳を過ぎるあたりから要介護者の人が急速に増加していくからです。

国は「たとえ医療や介護が必要になっても、できるだけ長く住み慣れた地域で暮らし続けること」を大きな目標としています。それはまた、多くの人たちの共通した願いでもあります。

そのために国は「安心して地域（在宅）で暮らせる町づくり」（地域包括ケアシステム）を進め、地域包括ケアシステムを橋渡しとして「共生社会」の実現をめざしています。

こうした状況のなかで「医療から介護へ」「施設から在宅へ」の流れが加速しており、これからはほとんどの人たちが在宅（地域）で暮らしていくことになります。

しかし、本人の意思とは別に、「施設への入居」や「施設介護」を希望する家族が大変多いのも現実です。家族における精神的、肉体的な介護の負担があまりにも大きいからです。そうしたことを考えると、「24時間365日」スタッフが寄り添い介護する特別養護老人ホーム（特養）などの施設がもっと必要といえます。

ですが、特養に入居できる人は限られ、今後もこうした施設が大幅に増えることはあまり望めそうにありません。なぜなら、特養への入居は原則「要介護3以上」となっていることに加え、建設補助金額も少なくなり新たな建設が困難だからです。

昨今、「サービス付き高齢者向け住宅」（サ高住）があちこちに増えています。19年5月時点で約24万5000戸あります。国は、25年までに60〜70万戸にすることを目標にしています。しかし、現在の高齢者単独世帯650万、夫婦のみ世帯750万（ひとり暮らし予備軍）という数を考えると、あまりにも少ない目標です。しかも月額20万円程度の負担が必要となれば、移り住む人の数は限られています。ですから、ほとんどの人は在宅で生活するしか選択肢がありません。

しかし、要介護者の人を在宅で最期まで支えることについて、家族だけでなく多くの事業者やケアマネジャーも確信をもち得ていません。多くの人は「本当に自宅で最期まで生活することが可能なのか」「重度の認知症の方でも暮らせるのか」と考えているのが現状です。

では、どういう環境や条件が整っていれば、そのことが可能になるのでしょうか。

この本では、そのためのさまざまな実践や取り組みについて紹介しています。介護関係者だけでなく多くの人たちに読んでいただき、みんなで考えていく素材になればと願っています。たとえ「認知症になっても、ひとりで暮らせる」地域社会をめざして、この本がみなさんのお役に立てば幸いです。

2019年10月

社会福祉法人協同福祉会
理事長　村城　正

Contents

寄稿

認知症になってもひとりで暮らせる

chapter 1 地域包括ケア社会とは

1 消費経済社会と地域包括ケア社会の価値について

日本は人生100年時代になるすばらしい国です。この長寿国が世界のモデルになるような社会システムをつくりたいと思います。

私たちは消費経済社会の価値観を追い求めてきました。すなわち分業化、専門化、エビデンス、スピード化、効率化、合理化、グローバル化などによって、消費経済社会の生産性を高めてきました。経済効果をより高めて「富国強兵」になるために、明治以降の日本は国外戦争をしてきました。「人間性をゆがめないと人殺しの戦争はできない」〈児童文学者・山中恒氏〈86歳〉の2018年4月14日講演〉といわれます。〝強い日本〟をつくるために人間性までゆがめてきたのです。

そして、戦後は強い企業をつくり消費経済社会をつくってきましたが、異常な格差社会ができてしまいました。また、人間が地球に負荷をかけた結果、異常気象などによる甚大な災害が毎年襲ってくるようになりました。

協同福祉会は20年前の開設直後、消費経済社会の効率を重視したために、お風呂場の機械浴で重大な事故を起こしてしまいました。事故を教訓にした「10の基本ケア」（巻末資料参照）で、消費経済社会の価値観から考え方を変えていきました。

これから長寿社会の国が増え、格差社会が拡大するなかで、これまでの価値観では生産性が低いとされる75歳以上の人が増え、さらに要介護者が50％を超える85歳以上の人口割合が高い国が増えてきます。それゆえに、これまでとは違う価値の社会をつくることが大切になってきました。

それに成功した国が繁栄する時代がきたと思います。人口構造が棺桶型（ここではアメリカの学者が提唱した洋式菱形の棺桶。日本の棺桶は四角）といわれ、超高齢社会にいち早く到達する日本が成功するかしないかを、世界が注目しています。「地域包括ケア社会」でこの事態を明るい未来としてとらえられるように、私たちは自覚的な担い手としてモデルをつくりたいと思います。

2 もう1つの価値「地域包括ケア社会」とは

「地域包括ケア社会」のキーワードは人間的、包括的、社会的、総合的、スローライフ、生活圏域内（近い）、あたたかさ、人生１００年時代、共生型、超高齢社会、認知症などです。すなわち「人と交わる力」が必要な社会をつくることです。これに価値を見出して、１つの社会モデルをつくれると考えています。

医療は消費経済社会で分業化して専門家集団になり、高度医療機器、薬の進化で日本では40兆円産業となってきました。一方、地域包括ケア社会には人間を診る総合訪問診療が必要で、それに対応できる24時間体制の医療が求められています。しかし、それへの転換がなかなかできていません。

要因は、現在の病院・診療所の通院、入院で経営が十分成り立つからです（入院は欧米では約1週間、日本は1か月以上。死亡場所も日本は8割が病院。精神病院入院も30万人以上）。厚生労働省の２０１８年度調べによると、それぞれ年間の医療費は65歳未満で平均18・４万円、75歳以上で91万円、介護費用は65～74歳で平均５万円、75歳以上で48万円です。75歳以上の高齢者に対しては、病院・診療所に来る患者は診ても、自宅での生活をサポートする訪問診察をする医者が少ないのです。

また、介護事業所も同様で、施設ケアで経営が成り立ったことから、特別養護老人ホーム（特養）、デイサービスなどは施設ケアがサービスの中心でした。在宅介護サービスでは訪問介護の家事援助（生活援助）、そしてレスパイトを目的としたデイサービス、ショートステイの利用を中心に、家族が介護を担うことを前提とした質の低いサービスでした。

今後は、75歳以上の高齢者が地域で「認知症になってもひとりで暮らせる」システムをつくることが求められています。しかし、現状ではまだケアシステムが構築されていません。私たちはどうすれば、認知症になってもひとりで暮らせる社会をつくれるのでしょうか。

3 なぜ「地域包括ケア社会」が必要か

人生100年時代は75歳まで働き、75歳〜100歳が老後になり、健康寿命を延ばしながら人間関係の心地よい居場所づくりが必要な時代になります。

共生型社会の共働き時代（2018年に50年ぶりに5割の女性が働く時代になりました）は、子どもを地域でみることが課題になります。小学生までの子どもがいる家庭は、夫婦ともに16時までに仕事が終われるような働き方改革が必要です。キャンプなど子どもと過ごす時間が取れる休暇増など、働き方を改革しないと人口は減り、格差社会が拡がります。私たちが地域コーディネート機能を担い、60歳〜75歳くらいの地域住民が子どもたちの心地よい居場所づくりに力を発揮できるようにしていきたいと考えています。

たとえば、障害のある娘（45歳）、認知症の父（要介護3、78歳）、要支援1の母（総合事業、75歳）のような家庭があるとします。福祉事業所が心地よい居場所の拠点となり、介護、介護予防、障害のケアを一人のプロの職員がケアしてもよいように、複雑な手続き、記録が不要になれば、地域包括ケア＝共生型多機能型ケアが実現できると思います。社会福祉法人や生協の職員はよい事例をつくり、市民の拠り所として全国に普及していけると思います。

現在、「地域包括ケア社会」をつくるうえでの阻害要因として、介護保険事業に業態や規定が多過ぎることが挙げられます。

小規模多機能型居宅介護や看護小規模多機能型居宅介護が普及しないのは、介護予防の総合事業で要支援の人を対象にすると事業の採算が取れないため、健康寿命を延ばしたい地域住民の要望に応えられないからです。また、利用者規模が29人と少ないので夜間に一人しか職員を配置できず、24時間の在宅ケアには不十分です。

しかし、夜間に5人くらいの介護職員がいると24時間体制が取れます。夜勤専属の職員は高額の給与（月30万円以上）を出しても採用が難しいため、大規模化と高い給与水準でこのケアシステムをつくる必要があります。

デイケアやリハビリ強化型短時間デイサービスでのリハビリ体操などが健康寿命を延ばしたい住民の要望に合致していますが、75歳以上になって衰え発病すると、入院して退院後は施設ケアを受けるというのが現状です。

定期巡回・随時対応型訪問介護看護サービスは、利用定員に制限はないものの、要支援の人は利用できません。デイサービスとショートステイの組み合わせが必要ですが、退院直後ではすぐに限度額オーバーになります。市役所の対応によっては、「訪問介護」に準じるとして禁止事項がたくさんつくこともあります。包括ケア・包括報酬のよさがまったくないので普及が困難になって、定期巡回・随時対応型訪問介護看護サービスを休止している事業所も出ています。

そのなかで「地域包括ケア社会」をつくるために、「看護多機能型ケアホーム」事業をつくってほしいと思います。縦割りでなく包括報酬として介護予防サロン・トレーニングセンター・相談窓口、「訪問」「通い」「泊まり」のサービスと「住まい」が一つの拠点事業として、トータルにケアができる事業です。イメージとしては、定員をなくした看護小規模多機能型居宅介護事業に、サロンとこどもひろばを加えた共生型社会の事業形態です。そうなれば、地域包括ケアシステムの拠点事業所ができると思います。

在宅介護が中心になると介護保険事業のお金も少なくすみ、住民の心地よい居場所ができるので、人口が増える街になります。厚生労働省もそれを理解して、「2040年：多元的社会における地域包括ケアシステム―『参加』と『協働』でつくる包摂的な社会―」（地域包括ケア研究会：2019年3月）が提案する「地域包括報酬」の「新たな複合型サービスの開発」を、2020年から行ってほしいと思います。

4 「地域包括ケア社会」をつくる人とそのシステム

「地域包括ケア社会」をつくるためには、「人と人のつながり」をつくるという考え方で地域コーディネートを構築できる施設長・園長などの人材育成が必要です。75歳以上の高齢者と小学校までの子どもは地域でみていくという考え方をもち、具体的にそれを実現できる施設長・園長などがいるかどうかで地域は変わります。

協同福祉会は、まだ「看護多機能型ケアホーム」事業がないなかで、いまの介護事業業態の組み合わせで工夫しています。コンプライアンス対策も工夫しながら苦労して行っていますが、住民からは心地よい居場所ができたと高い評価を得ています。

たとえば、「あすなら安心支援システム」で75歳以上の人のサロンを毎月6回（0と5がつく日）と、「つながり連絡員制度（安否確認）」を実施しています。リハビリ体操、ハイキング、食事会などもしています。また、「こどもひろば」では週3回（月・水・金）の食事と遊び場の提供をしています。

また「あすなら安心ケアシステム」で「看護多機能型ケアホーム」事業をめざし、奈良県下の6市で相談（地域包括支援センター2事業所、ケアプランセンター10事業所）、訪問（定期巡回・随時対応型訪問介護看護8事業所、小規模多機能型居宅介護9事業所、看護小規模多機能型居宅介護1事業所、訪問看護ステーション4事業所）、通い（デイサービス10事業所）、泊まり（ショートステイ5事業所）、住まい（特養54床、養護50床、サ高住2事業所62室、グループホーム8事業所144室）とサロン10事業所、こどもひろば3事業所の複合施設をつくって取り組んでいます。

「包括ケア・包括報酬」ではないため、考え方（大國康夫『人間力回復』クリエイツかもがわ参照）を繰り返し学習しないと、縦割りの業態別のケアしかしない職員になってしまいます。地域の人を「ほっとかない」「ことわらない」ケアの考え方を常に構築していくことが必要です。日本のケアも、地域包括ケアは異業種連携などを謳っていますが、プロでありながら地域の住民との関わりができていない職員が多いのが、根本的な問題だと思います。

全国を見ると、地域包括ケア社会づくりをめざしている北海道美瑛町の「美瑛慈光園」は、小規模多機能型居宅介護の制度ができる前から自主的に、相談、訪問、通い、泊まりを、点在する集落に拠点をつくって実施していました。また秋田県大仙市の「ウォームハート」は、名前のとおりあたたかい人との交わりを先駆的に実践していました。福岡県福岡市の「宅老所よりあい」は、認知症ケアの考え方と住民参加を追及していました。山梨県甲府市の「やまなし勤労者福祉会」では、訪問看護ステーションを中心に定期巡回・随時対応型訪問介護看護、看護小規模多機能型居宅介護、グループホームなど「看護多機能型ケアホーム」事業を先駆けて実施していて、私たちも学び取り入れてきました。

生協は組合員に、出資・利用・運営参加を3原則として伝えています。しかし、「介護事業」は組合員、生協職員の「利用」が十分ではありません。なぜ「利用」されないのでしょうか。私たちは考えを討議して、「生協10の基本ケア」で介護の質と考え方を普及することになりました。そのための「生協10の基本ケア講座」を、日本生活協同組合連合会（日生協）を事務局として、栃木県の「ふれあいコープ」、愛知県の「コープあいち」、福井県の「福井県民生活協同組合」で始めました。

また、「10の基本ケア」のエビデンスづくりとして、「在宅生活を支える重度化予防のためのケアとその効果についての既存指標を用いた調査研究」（日生協、２０１９年3月）をまとめ、「10の基本ケア」の効果を立証しました。

社会福祉法人協同福祉会で年2回（5月・10月）開催している「あすなら10の基本ケア講座」には、「大阪いずみ市民生協」（大阪）、「ウォームハート」（秋田）、「コープあいち」（愛知）、「福音会」（東京）、「大阪健康福祉短期大学」（大阪）、「コープみらい」（関東）、「さんコープ」（山口）、「やまなし勤労者福祉会」（山梨）などの団体から職員が参加し、事業の定着と職員育成をはかっています。

さらに、生協立の社会福祉法人として「協同の苑」（兵庫）、「生活クラブ風の村」（千葉）、「いきいき福祉会」（神奈川）、「こーぷ福祉会」（宮城）、「悠遊」（東京）、「ふれあいコープ」（栃木）、「グリーンコープ」（福岡）、「協同福祉会」（奈良）などが中心になり、交流学習を行ってきました。そのなかで２０１７年度に「全国地域包括ケアシステム連絡会」を結成し、同年度の第１回交流学習会を「協同福祉会」（奈良）で行いました。以後第2回を「美瑛慈光会」（北海道）、第3回を「ふれあいコープ」（栃木）でそれぞれ行っています。また、理事として「協同の苑」（兵庫）、「エフコープ」（福岡）、「とやま虹の会」（富山）、「生協ひろしま」（広島）、「医療生協さいたま」（埼玉）なども参加して、「介護報酬改定（制度の見直し）に向けた提言書」をまとめ、各団体に働きかけました。

この『認知症になってもひとりで暮らせる』をテキストにして学習し、全国地域包括ケアシステム連絡会加入の１００団体で人材育成をしていくことになります。

chapter

2 〝意志〟があればひとりで暮らせる

あすなら苑の利用者のなかには、「絶対に家で死にたい。どこにも行きたくない」という強い意志をまわりに伝え続けたおかげで、自宅で亡くなる願いがかなった人がたくさんいます。

次に紹介するキクさんのように、自ら意志を伝えられる場合はチームでその意志を尊重してケアにあたりますが、いざというときに本人の意向が不明な場合もあります。そのようなことにならないように、医療の世界では「アドバンス・ケア・プランニング（ACP）」という取り組みが始まっています。

ACPとは「将来の変化、意思決定能力の低下に備え、将来の医療及びケア、代理意思決定者などについて、本人を主体に、そのご家族や近しい人、医療・ケアチームが、繰り返し話し合いを行い、ご本人の意思決定を支援するプロセス」のことです（詳しくは第8章参照）。

本人の意志さえ明確であれば、あとは医療・ケアチームの取り組み次第です。「突如ご家族が大反対」「突如ご家族が不安に陥る」などの場合もありますが、それらも踏まえたうえで、本人の意志、希望をかなえるべく、私たちは日々奮闘しています。

「私の病室は自宅のベッドです」

看護師長として国立病院に勤務していたキクさんは、退職後は日本舞踊や詩吟の先生として活躍し、とても気丈な女性でした。夫を亡くしてからはひとり暮らしでした。

脱水症で救急搬送された際、「私の病室は自宅のベッドです」と入院も治療も拒否し、病状が落ち着いた時点ですぐに退院。要介護4となり、あすなら苑との関わりが始まりました。

朝・昼・晩にヘルパーが自宅にケアに入りますが、キクさんは「帰れ！」「役立たず！」「お前はクビや！」と、どのヘルパーにも厳しくあたり、冷凍うどんを投げつけることもありました。また「どこにも行きたくない。家にいたい」と外出を拒否。一歩も外に出ない日が続きました。

5年かけてやっと、外出に応じてもらえるようになりました。ある日、「食事に行きましょうか」とお気に入りの男性ヘルパーに誘われ、キクさんは同じ住宅地内にあるあすならホーム筒井デイサービスに出かけました。

それからデイサービスに通い始め、「10の基本ケア」のおかげで要介護5になってもオムツをせずトイレに座り、寝たきり生活にはなりませんでした。相変わらず訪問ヘルパーには「帰れ！」と言い、「どこにも行きたくない。家にいたい」と伝え続けていました。

出会いから7年たった夏、調子の悪い日が続きました。いよいよターミナルだということで、キクさんの「家にいたい」という気持ちを受け入れ続けてきたケアチームは、自宅での看取りの体制を整えました。唯一の身寄りである弟も、キクさんの意志を尊重することに賛成でした。自宅での看取りの経験が浅いからと乗り気でなかった主治医にも、ケアマネジャーが根気強くお願いし、協力を得ることができました。

キクさん宅をヘルパーや看護師、そして筒井デイの職員も順番に訪問し、24時間常に付き添いました。そして、夏の終わりのある日、慣れ親しんだ自宅のベッドで、一番お気に入りの男性ヘルパーに見守られて旅立ちました。

キクさんが希望どおりの最期を迎えることができたのは、キクさん自身に強い意志があり、それをまわりが共有できていたからにほかなりません。

最近では「終活」という新しい言葉もでき、家族や自分の最期を考えて具体的に行動に移すことの重要性が指摘されています。その一環として、2018年3月4日、協同福祉会とあすなら友の会の共催で、上野千鶴子東京大学名誉教授を迎えた講演会「おひとりさまの老後～最期まで私らしく～」を行いました。

公開福祉講演会「おひとりさまの老後～最期まで私らしく～」

●講師：上野千鶴子氏（社会学者・東京大学名誉教授）

●共催：協同福祉会・あすなら友の会
●後援：ならコープ・奈良県医療福祉生協
●参加者：933人

アンケートの回収は391人でした。その一部を紹介します（原文のまま）。

・「最後の最後まで悩みぬけばいい」心に残りました。母の介護が今、目の前にあり最後まで母らしくいてほしいと、改めて思いました。介護やみとりの具体的なはなしが聞けて、心配が少なくなりました。奈良にも人材が増えて在宅で死を迎えられる地域になるために政治をもっと考えます。そしてわたしは独居を目指します。（50代）

・91歳の両親の世話をしているところです。同居ではないので、これから先、介護施設のお世話にと思っているまさにこの時、先生のお話を聞いて、十分考える時間をいただけました。ありがとうございました。（60代）

・ひとり暮らしで寂しさにうちひしがれていましたが、今日の講演で「慣れる」「しあわせ」というキーワードで救われました。母をひきとり1か月で破綻しました。罪悪感で不眠症になりました。それもそもそも高齢者の環境を変えたことがまちがいだったと理解できました。ありがとうございました。（60代）

・独居なので、これからの身の振り方が見えてきた気がします。（70代）

・身につまされるお話でした。母を施設に入れてしまい、病院で看取ってもらいましたが、自分はそんなの嫌だと思っています。今日のお話参考になりました。（70代）
・「人生の半分は下り坂」とは思っていなかった。80歳を迎えて、やることに時間がかかり、できないことが増えていき、この先5年かなと思うようになった。エンディングノートを書かなければと思っているが、すぐに手をつけなければならない。行動をはじめて分からないことが出てくるのはこれまでの生活でたびたび経験したことであった。今日をスタートにする。ありがとうございました。説得力のあるお話、上野先生に感謝。自宅で死を迎えたい、叔母のように。（80代）
・独居生活を満喫しているものです。今のところ元気です。息子夫婦、娘夫婦、孫もいますが同居は考えていません。ピンピンコロリを願っているが、主治医は作ってあります。が、孤独死覚悟しています。（80代）

アンケートを見ても多くの人が家族や自分の老いを不安に思い、それでもできる限り希望に沿った暮らしを続けたいと願っています。しかし、「どこで最期を迎えたいか」の問いにおよそ8割の人が「自宅」と答えるのに、8割以上の人が病院で亡くなるのが現状です。

実際、あすなら苑でも支えきれず、最後の最後に病院で亡くなったケースもありました。

がんを患い、最期までの時間を自宅で過ごすために退院した独居のヒデキさん（男性・70歳）は、痛みと孤独、死への恐怖を一人で乗り越えることがつらくなりました。自らの意志で再び入院し、そこで永眠しました。

ダイスケさん（男性・80歳）も独居でしたが、他県に住む息子の強い反対で「入院せずに家で死にたい」という希望はかないませんでした。母親（ダイスケさんの妻）のときは自宅で看取った息子は、それまでの関係からか「母親は看取りたいという気持ちがあったが、あすなら安心システムで看てもらえるとしても、父親を自宅で看取ろうとは思えない」との意向でした。

暗い部屋で一人ヘルパーを待っていたヒデキさん、もう帰れないと思いながら渋々入院先の病院に向かったダイスケさんの姿を思うと、私たちの力不足を痛感すると同時に、意志だけではどうにもならないこともあるように思います。

chapter 3

〝人〟がいればひとりで暮らせる

人が生活していくには、人と人とのつながりが欠かせません。そのため、人や地域がつながる仕組みを地域の人とともにつくることが、「〝人〟がいればひとりで暮らせる」地域づくりにつながっていきます。

地域づくりで大切なのは、〝おせっかいな人〟(「ほっとかない」「ことわらない」)が活躍できる場になることです。おせっかいな人が活躍できる仕組みづくりが求められています。

たとえば、地域で抱えている問題は、本来なら行政に相談するところですが、なじみがなければなかなか行けません。そのため、普段からサロン活動などの地域活動を通して地域とのなじみのある関係をつくる必要があります。地域の人を対象にした学習会を行い、認知症や福祉などについての情報を発信することも必要になってきます。

協同福祉会のサロン活動では、0と5のつく日に地域との交流の機会を設けています。これにより、イベントではなく生活の一部として、地域の人が互いに、あるいは協同福祉会の職員と、気兼ねなく交流できます。交流会のなかでは、家族の話やほかの事業所のこと、スーパーの格安情報などさまざまな話が飛び交います。

そのなかで、地域の人の話が出ることもあります。たとえば、子どもが引きこもっている、この頃隣の人に物忘れが多く認知症かもしれない、といった話です。必要であれば、その話を行政に相談したり職員が見に行って対応したりします。これらを繰り返すうちに、地域から信頼される事業所になります。地域にとっても安心できる街へと変わっていきます。

地域から信頼されるために、私たちは社会福祉法人として定期的に学習会を開催しています。福祉の仕事は、介護技術・介護知識を高めることはもちろんですが、取り組みについて、地域について、福祉について、誰かに説明できるようになることも求められます。人に取り組みを説明できるようになると、地域の人との信頼関係が築けます。信頼関係ができれば、地域の人から地域の情報が入ってくるようになります。

認知症のコウジさんから学ぶ

重度の認知症の人は、中学校区で少なくとも3人ほどは常時います。そのため、認知症ケアのできる職員を育成します。その事例として、コウジさん（男性）といっしょに育った職員を紹介します。私たちはコウジさんから認知症ケアを学びました。

コウジさんは1942（昭和17）年4月生まれです。自宅からの行方不明歴が2011年（69

歳）4月、8月、11月とあり、妻も疲れ気味です。同年12月に筒井デイサービスを利用し（要介護1）、2013年（71歳）2月にあすなら苑デイサービスを利用しました。同年12月に要介護4になり、定期巡回・随時対応型訪問介護看護を利用。さらに2018年（76歳）4月にあすなら苑特別養護老人ホーム（特養）に入居しました。

あすなら苑介護ヘルパー職員の小野一如は、コウジさんとともにデイサービスからショートステイ、さらに特養に人事異動となり、6年以上たったいまもいっしょに歩いています。小野ヘルパーは次のように話しています。

「コウジさんのようなタイプの認知症の人は、過去を振り返ったり未来に思いを馳せたりせず、『いま』に生きていると思います。過去を忘れているという問題よりも、意識が常に『いま』を志向しています。一方、普通の人は過去と未来を行ったり来たりして生きています。たとえば、未来の大きな幸せを願って『いま』を空疎に生きたり、将来への不安や不確実な未来に縛られて『いま』の生き方を自ら制限したりしています。コウジさんにとっては『いま』がすべて。いま、いま、いま……の連続です。

したがって、介護者はその人の過去（生活歴）だけに縛られるべきでないと思います。『いま』が充実したものになるように精一杯取り組んでいくことは、認知症の人に対する『生活の再建』だと考えます。

私は2018年5月1日付でデイサービスから特養三丁目に異動となり、しばらくはコウジさんのケアを担当することになりました。今回のコウジさんの研究チームのテーマは『職員の情報共有化』と『排泄介助（失禁を減らす）』でしたが、今後のケアでは便秘・便失禁を減らす工夫と、言語的コミュニケーション力の向上をテーマに取り組みたいと思います。1年以内にコウジさんが、ポータブルトイレで正常に排泄し、相手にある程度の意味を理解してもらえる言葉を発することができるようになるのが目標です」

このように、介護職が認知症ケアについて考えて長く関わっていきます。

また、あすなら苑ケアプランセンターの職員でケアマネジャーの川村香代は、次のように話しています。

「コウジさんは、市役所で働いていたときに認定調査で自宅を訪問した方です。あすなら苑

在宅サービスから施設サービスに移った利用者（右）の散歩。混乱がないよう担当職員もいっしょに異動し、利用者のそれまでの生活を崩さないようにケアをしている

にケアマネとして就職したときはケアプランセンターの主任が担当していた方で、最初の頃から知っていて、見てきました。そして夫の仕事の関係でアメリカに移って約4年間あすなら苑から離れ、再度あすなら苑に復帰したとき、すぐにコウジさんを探しました。歩いていることに驚き、やせて年もとられていたけれど、相変わらずのコウジさんに出会えて感激しました。いまのコウジさんがあるのはあすならのケアのたまものだと思います。私はコウジさんが、すばらしいケアのできるこの環境と人材に出会えてよかったと思います」

あすなら苑定期巡回・随時対応型訪問介護看護職員で管理栄養士の松下愛美も、次のように話しています。

「あすなら苑のコウジさんの事例で、しっかりと声かけをして待つ大切さを改めて感じました。待つと穏やかになられるということです。無理に何かされたら、自分の立場なら嫌だと思います。自分が嫌なことを利用者さんにしては絶対にいけないと思いました。

コウジさんのケアをどのようにしていくか、支援記録をつけ、みんなで考えました。1年前はほぼ失禁していたのが、サインを見つけたことで8割成功するようになったのも、すごいと思いました。笑顔が増えコミュニケーションが増えたとのことですが、私もコウジさんといっしょに過ごすなかで、すごく笑顔が増えたように感じます。昔は夜も寝ずに過ごされていたことが多かったと聞きましたが、いまは8~9時間寝られるとのことで、すごく落ち着かれたのかなと思いました」

さらに、大和郡山市第三地域包括支援センター職員で社会福祉士の喜多律子は、次のように話しています。

「私は1年間、あすなら苑の認知症ケアの取り組みについての研究チームに参加させてもらいました。私は実際にコウジさんと関わることはありませんでしたし、たまにすれ違ってあいさつをする程度でした。どういったところに困っていて、どのようなケアに苦労しているのかなど、このチームに入らなければ知ることもありませんでした。

実際にケアしている職員の話を聞き、コウジさんの言動（視線、仕草、体調など）一つひとつから思いをくみ取り、コウジさんにとって何が一番いいのかということを考えながら関わっているのだということを知ることができました。認知症ケアのあり方について改めて考えることのできる機会になりました」

毎日7キロほどいっしょに地域を歩き、認知症ケアとは何かを考える、人が育っていくシステムができてきました。認知症ケアというと管理・監視をする職員がまだ多くいますが、「座って会話をする」本当の認知症ケアをする職員を育て、輩出もしたいと思います。

chapter

4 〟お金〟があればひとりで暮らせる

この章では老後にかかるお金について考えていきます。みなさんの老後にはいったいいくらの貯蓄が必要でしょうか? 100万円? 500万円? 1000万円!? 世間一般的にも、老後に多くのお金を残しておかなければならないといわれています。

金融庁が2019年6月3日に公表した高齢社会の資産形成に関する報告書は、公的年金を過度にあてにせず、自助努力で老後に備える必要を訴えました。老後の必要資金は住宅リフォームに465万円、健康・介護に最大1000万円、葬儀に195万円、生活不足金額月5万円×12か月×25年=1500万円など多額なお金がかかるので、70歳まで働き続けられる環境を整えるために高齢者雇用安定法の改正案を用意しています。

ここでは、どのような生活スタイルを実現したいのかによって、どのようなサービスが利用できて、いくらくらいの支払いが必要なのかを、協同福祉会の実践から見ていきます。

表1は、2016年の総務省「家計調査年報」より、世帯主が60歳以上、無職世帯の1か月の

平均支出です。この金額を高いと感じるか低いと感じるかは個人差があると思います。また、保険医療費が1万4646円ですから、まだ認知症などで介護サービスを多く利用していない状態ということがわかります。

一方収入では、多くの人は定年後、遅くとも65歳から厚生年金を受け取ります。月額約14・8万円です（2016年厚生労働省年金局調べ）。同じく自営業などの人は国民年金を受け取ります。こちらは月額約5・5万円（同調べ）となっています。

たとえば夫が厚生年金、妻が国民年金の2人の年金収入が合計約21万円だった場合でも、平均支出約24万円を下回っています。もちろん、それまでの貯蓄や退職金などは計算に入れていませんから、それらを切り崩しながら老後を迎えないといけないことになります。

次に、認知症でひとり暮らしになった場合に必要な費用を見ていきましょう。

表2は、要介護3の人が在宅で暮らし続けた場合、低額とされている特別養護老人ホーム（特養）に入居した場合、それ以外の有料老人ホームに入居した場合の、それぞれ平均的な1か月の費用です。見てのとおり、在宅と施設に入る場合で費用が大きく違うことがわかります。

表1）世帯主が60歳以上、無職世帯の1か月の平均支出

食費	68,193円
住居費	14,346円
水道光熱費	20,427円
家具・家事用品費	9,290円
被服費等	6,737円
保健医療費	14,646円
交通・通信費	26,505円
教育・教養娯楽費	25,712円
こづかい	6,225円
交際費	25,243円
その他支出	22,280円
合計	239,604円

※総務省「家計調査年報」平成28年より抜粋

また施設に引っ越す際、自宅を処分せずに残しておく場合は、その住居費や水道光熱費などの維持費も発生することから、ダブルコストになってしまいます。

認知症で常時見守りが必要であったり24時間体制の介護が必要だったりする場合、在宅サービスの費用は表2の限りではありません。介護サービス費は一定額を超えると保険が効かなくなり、支払いが10割負担になります。その場合は月10万円を超えることもあります。

そのうえ今後、国では介護保険の自己負担割合を現在の1割から2～3割に引き上げる提案も出ており、いま以上に高い負担が強いられる時代に向かおうとしています。

これらのことから、どのようなスタイルで老後（特に認知症などで介護が必要になった場合）を過ごすかによって、必要な費用が大きく変わってくること、またその額は決して少額ではないことがわかります。

続いて、ある程度お金をかけてサービス付き高齢者向け住宅（サ高住）で暮らせた事例、および少ないお金でも何とか

表2）在宅と施設入所の費用比較（要介護3の場合）

	在宅介護	特養ホーム（ユニット型個室）	有料老人ホーム
介護サービス費	25,000円	23,280円	20,040円
家賃	実費	59,100円	115,000円
管理費	0円	0円	98,000円
食費	実費	41,400円	54,000円
その他	35,000円	10,000円	10,000円
合計	60,000円	133,780円	297,040円

※中村真佐子「在宅介護にかかる費用―老人ホームの費用と比較」より一部抜粋
https://kaigo.homes.co.jp/manual/homecare/basic/zaitaku_hiyou/

ひとりで暮らせた事例を見ていきます。

●サービス付き高齢者向け住宅で暮らすヤスコさん

駅の近くにある〝あすならハイツあやめ池サポートハウス〟（サービス付き高齢者向け住宅）で暮らすヤスコさんの、1か月の生活スタイルとその費用を紹介します。

サービス付き高齢者向け住宅とは、2011年の高齢者住まい法の改正によって創設された登録制の住宅です。名称のとおり、通常の住まいの機能に加えて、毎日の安否確認や専門家による生活相談のサービスが付いています。また、施設によっては実費で食事や家事のサービスを受けることができます。介護や医療が必要な場合は、併設するサービスもしくは外部のサービスと契約し、それらを利用することもできます。

ヤスコさんは90歳代の女性です。施設入居前は精神病院に入院していて、自由やプライバシーがほとんどない生活でした。そのため精神的にも落ち込んでいたヤスコさんで

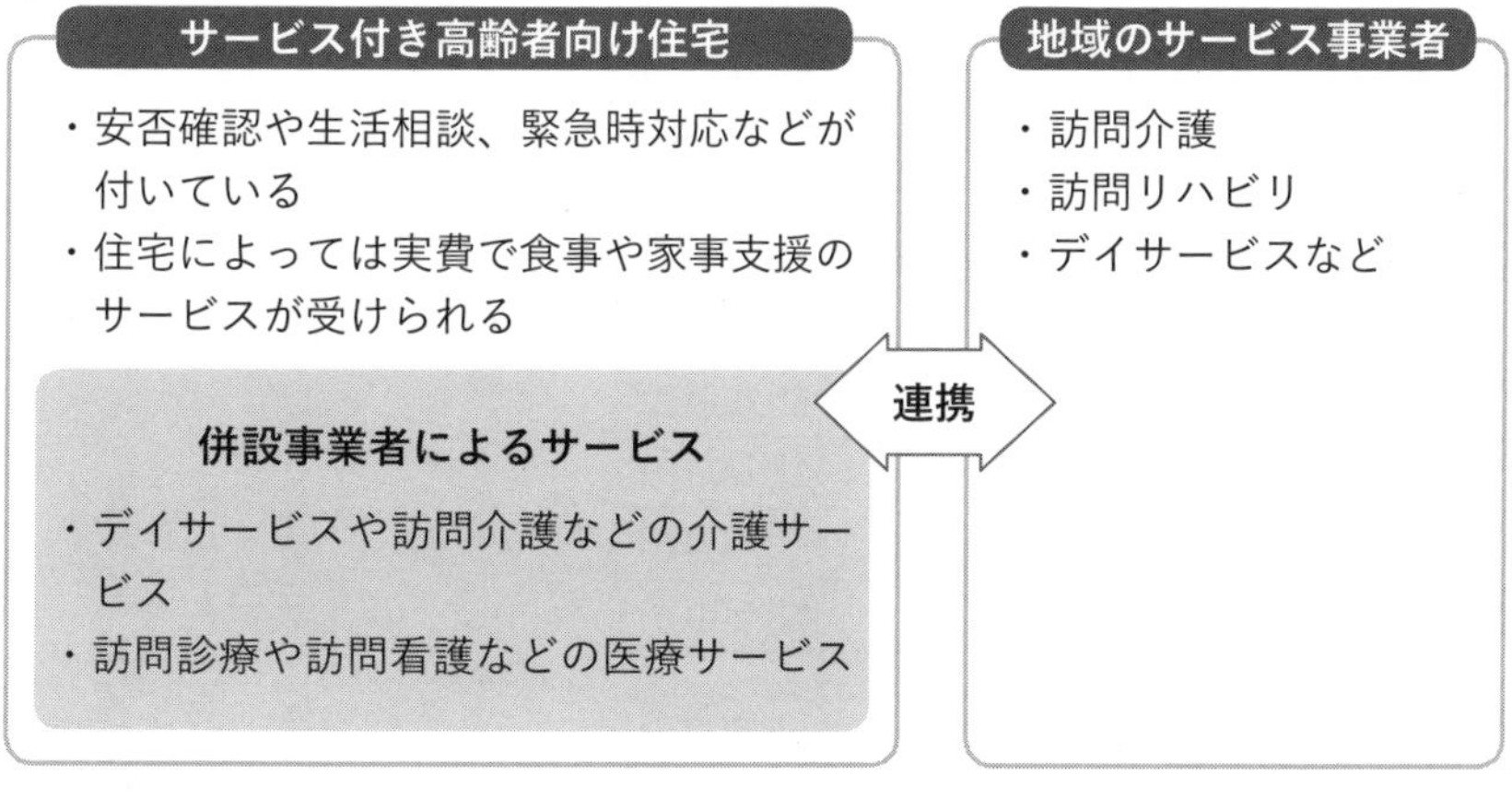

サービス付き高齢者向け住宅

・安否確認や生活相談、緊急時対応などが付いている
・住宅によっては実費で食事や家事支援のサービスが受けられる

併設事業者によるサービス

・デイサービスや訪問介護などの介護サービス
・訪問診療や訪問看護などの医療サービス

連携

地域のサービス事業者

・訪問介護
・訪問リハビリ
・デイサービスなど

したが、駅が近いサ高住に引っ越して見違えるように元気になりました。

要介護3で軽度の認知症があるため、見守りや介助が必要です。施設内にあるデイサービスに週3回通い、そこでリハビリを受けたり入浴サービスを利用したりしています。デイサービス以外は定期巡回・随時対応型訪問介護看護（24時間対応型の訪問サービス）に登録し、必要に応じて介護を受けています。

居室内にはトイレ、洗面所、浴室、寝室、キッチンがあり、プライバシーは確保されています。食事は実費を払って、共用の食堂で、同じ階に住んでいる人といっしょにしています。認知症の症状で時々時間や場所がわからなくなりますが、職員や地域の人に尋ねながら近くのスーパーまで買い物に行くこともあります。

月々の費用は表3のとおりです。住まいと食事にかかる費用だけで約20万円かかります。そこに必要に応じた介護や医療などの利用料が加算されるイメージです。住まいにかかる費用は、立地や実施

表3）ヤスコさんの月々の費用

サービス付き高齢者向け住宅にかかる費用	
家賃	100,000円
共益費	20,000円
管理費	30,000円
水道光熱費	10,000円
食事代	40,000円
小計①	200,000円

その他のサービスおよび自己負担費用	
介護サービス自己負担分	30,000円
医療費、医薬品の自己負担分	10,000円
デイサービスでの食事代等	11,000円
オムツ代等	7,000円
小計②	58,000円

合計（①＋②）	258,000円

主体によって幅はありますが、プライバシーが確保された個室での生活を希望する場合は、この程度の費用がかかることは念頭に置いておく必要があります。

●在宅サービスを利用しながらひとりで暮らすマサオさん

次に、あすなら苑の在宅サービスを利用してひとりで暮らす男性、マサオさんです。

マサオさんは要介護3で、生活保護を受けています。地域包括支援センターから、退院後の生活支援をあすなら苑で担当してほしいと依頼があり、経済面も含めてチームで考え取り組んできました。認知能力の低下、各種生活費の滞納、ゴミ屋敷状態、出歩いての転倒や行方不明のリスクなど、生活課題が非常に多いケースでした。

マサオさんに貯蓄はなく、収入は年金と生活保護費（住宅扶助）を合わせた月約10万円です。支出は表4のとおりです。単純な収支で見れば1万円ほどの黒字になるはずですが、あすなら苑で支援を開始した時点ですでに5か月間もの家賃や水道光熱費の滞納がありました。また、自分自身で金銭の管理ができず、飲酒や外食、消費者金融での借り入れのほか、余裕がないはずのなかで親族への仕送りやプレゼントなどが日常的に行われていました。

関係者を集めた地域ケア会議では、生活費をどうやって捻出するのかを中心に話し合いました。デイサービスでの食事は昼食のみとして、朝・夕は格安スーパーなどで惣菜を購入し、自宅でヘルパーが小分けして出すことにしました。メインの食事は昼食です。それでも、週1回はビールを飲める日、月1回は外食に出かける日をそれぞれ設けるなど、マサオさんに不満がたまらないように工夫しました。

ガスを止め、電気代を節約しているのに、電気代の請求が当初2万円もあったことから、デイサービスに出かけるときはエアコンや照明なども確認してもらうよう、送迎するデイの職員にも頼みました。まわりが節約しようとピリピリしていても、マサオさんは新聞を契約して粗品をもらったり、家で風呂に入りたいからとガスを再度申し込んだりして、その都度断りの連絡を入れるなどの対応をしました。

ある日、持病の急激な悪化で入院することになりました。病状が落ち着き、退院の日が近づきましたが、入院前に比べてADL（日常生活動作）や認知能力がはるかに低下してしまい、要介護度が3から4に上がりました。ショートステイの利用回数を多くして、自宅でもオムツ類を使用せざるを得ない状態になったため、市役所のオムツ購入補助制度を申請することになりました。

表4）マサオさんの月々の支出

項目	金額	備考
家賃	34,200円	
医療費	0円	※生活保護費（医療扶助）
介護費	0円	※生活保護費（介護扶助）
介護サービスでの実費費用	30,000円	※デイ・ショートでの食事代や滞在費など
水道光熱費	5,000円	
日用品費	5,000円	
娯楽費など	5,000円	
食費	10,000円	
計	89,200円	

また、衣類やシーツ・毛布など地域で使っていないものをもって来てもらったり、職員が使わないものを提供したり、施設からも着替えなどを提供したりして、何とか生活を続けていくことになりました。食事は、ご飯を炊き、格安スーパーなどで買ってきた惣菜を小分けして食べています。本当にお金がないなか、関係者や職員が工夫を重ねました。

残念ながら、諸事情で家族や親族からの協力は得られませんでしたが、近所の人たちの見守りと多くのスタッフの支援で、マサオさんは今日も元気に過ごしています。

いかがだったでしょうか。それぞれ極端な事例だったかもしれませんが、ひとりで暮らし続けるのにお金が大切なのは明らかだと思います。

ただし、老後に莫大な費用が必要かというと、決してそうではありません。在宅で生活を続けるか、施設に入居するか、さらにどのような施設に入居するかで費用が大きく違ってきます。そして少なくとも、そのそれぞれでどのように生きるのかというイメージをもっておく必要があると思います。

「私の老後はだいじょうぶ!!」と笑顔の利用者

chapter 5

〝居場所〟があればひとりで暮らせる

協同福祉会では0と5のつく日にランチを実施しています。5日に1回という頻度は、人といっしょに食事をする機会を設けること、外に出て人と接する機会をつくること、人と共同作業をすることで認知症や虚弱の状態になるのを防ぐことが目的です。

きっかけは、要介護になる前に何かできることがないか、ひとり暮らしが多くなっていく地域に貢献できることはないかと考えて、サロンを始めたことでした。地域の人たちが自ら運営するサロンを実践するうちに、月1回が3回になり、安否確認の意味も込めて5日に1回、さらに月に6回実施するようになりました。近隣の人が孤独死して長期間発見されない事態を防ぐために、いつも気にかけて、連絡がなければ訪問して様子をうかがいます。

高齢になり長い距離を歩けなくなると、生活が制限されます。買い物や通院にも支障が出て、自宅に閉じこもるようになることが、要介護状態になるきっかけの1つだと考えられています。地域で元気に暮らしていくために、足が悪くても送迎があり、出かけていく〝居場所〟があれば、自宅での生活が続けられます。

1　1回の住み替えで最期まで暮らせる住宅

高齢者が賃貸住宅に入居しようとしても家主に拒否されることが社会問題になり、高齢になっても安心して住むことができる住宅を整備する社会的ニーズから、2011年の高齢者住まい法の改正によってサービス付き高齢者向け住宅が創設されました。

協同福祉会は、サービス付き高齢者向け住宅を〝サポートハウス〟という名称で運営しています。サポートハウスには、元気な高齢者から軽度、重度の要介護高齢者まで幅広く入居しています。サポートハウスではオムツをしないケア、自分で入浴できるお風呂を設置して、一度の引っ越しで最期まで暮らし続けられる支援を行っています。

●私はいつになったら帰れますか？

施設に入居する際、本人に覚悟がないままで家族が入居先を決めると、施設に入ってから職員は毎日「私はいつになったら家に帰れますか？」と質問されます。はじめは適当な返事をしていても、そのうちに本人にも、ここから帰れないことをみんな知っていて嘘をついていることがわかります。そして施設の職員を信用しなくなり関係性が悪化して、問題行動が起きたり、心を閉ざして反応がない人になったりしてきたのです。

その反省から、入居の際には必ず、先に自宅から運んだ愛着のある家具などを自分の目で確認し、自分がこの部屋に引っ越しをするという自覚をもって入居してもらいます。本人は自分で荷づくりをすることで転居する心づもりをし、大切な私物を運送業者に運んでもらいます。身内にも手伝ってもらいながら引っ越しが終わり、新しい部屋で寝られる状態になって初めて入居してもらうのです。

そうすれば、自分の居場所は転居したこの部屋だと感じて、「私はいつになったら帰れるのですか?」という質問がなくなってきます。結局はこれが効率化につながります。職員は空いた時間で自立支援のケアができるようになり、嘘をつく必要がなくなることで本人と職員の人間関係が悪化することも減少していきます。

マサ子さんはうつ病などによる強い不安感からひとり暮らしが困難になり、老人保健施設に入居していました。しかしそこでは自由が少なく、次第に認知症の症状が進んでADLが低下していきました。不憫に思った家族があすならサポートハウスを見学し、マサ子さんも気に入って入居することになりました。

サポートハウスには、プライバシーが確保された部屋、使い慣れた家具やインテリア、入居者や職員との関わり、家族との定期的な面会、自由に出かけられる環境があり、マサ子さんは住み慣れるにつれて表情がみるみる明るくなり、元気になっていきました。

入居して約3年後のある日、いつものように事務所に声をかけて買い物に出かけたマサ子さんが、2時間たっても帰って来ないことがありました。職員が手分けして近隣を探したものの見つからず、警察や家族も加わっての捜索となりました。外出から4時間経過した頃、片道1時間半はかかる他府県の駅前交番で保護されました。電車に乗って大好きな花を買いに行こうとしていたようです。施設長と家族が迎えに行き、夜の10時頃に無事に帰宅となりました。

それから行方不明時の対策として、家族がマサ子さん用にＧＰＳを用意しました。しかし1年以上経過した現在、ＧＰＳは一度も活躍することはなく、マサ子さんはいつものように散歩や買い物に出かけて穏やかな日々を過ごしています。

もちろんサポートハウス内に鍵をかけたり、マサ子さんの行動を制止したりもしていません。自由に外出できる環境が本人の精神状態に一番よいことを、職員もケアマネジャーも家族も実感しているからです。

2 地域で暮らす人が要介護状態にならないために

要介護状態になってから関わり始めると、重度の人を少しでもよい暮らしに近づけるため多大な力量が必要になります。地域で暮らしている人が要介護状態にならないためには、普段からつながりをつくり、体調を崩したときはおせっかいで援助することで、重症化しない暮らしの支援になると考えています。そのため「あすなら安心支援システム」で、食事をして集い、5日に1回安否確認をしています。

●0と5のつく日に高齢者サロン

あすなら苑の「あすなら安心支援システム」で、毎月0と5のつく日の月6回、地域の元気な高齢者が集まれる場としてサロンを行っています。サロンには事業所がある中学校区内の70~80歳代の人を中心に男女合わせて毎回50人近く集まり、食事や体操などを行って地域の集いの場となっています。

食事は、野菜を切る人、炒めものをする人、洗い物をする人など、参加者で分担してもらうのを基本としています。現在は高齢者の低栄養も大きな問題になっており、参加者からも「家で一人だと食欲がわかず食べられない」「毎食つくるのが大変で、質素な食事になってしまう」などの声が数多く聞かれました。そんな人もサロンに参加し、みんなで楽しく食事をつくり、会話をしながら栄養のあるご飯を食べることで、低栄養の予防にもつながっています。

さらに、サロンに来る人とは普段から顔を合わせて話をし、困っていることや悩みがあっても気軽に相談してもらえるような信頼関係を築いています。

毎回サロンに来ていたひとり暮らしのユミコさんは、足腰や首に痛みが生じるようになりデイサービスを利用し始めました。サロンですでに職員との関係ができているため、デイサービスを利用した際も安心して気軽に話せるようです。「ここに来るのが楽しみ。家に一人でいるよりも楽しい」と、デイサービスを利用しながらサロンにも参加し、充実した毎日を送っています。

ひとり暮らしのカズエさんは、数年前まで元気でよく旅行に出かけていましたが、持病からめまいが悪化し、出先でめまいが起こるのが不安で外出を避けるようになりました。自宅で過ごす日々が続いていたカズエさんでしたが「少しでも元気になって、よりたくさんの思い出をつくりたい」とサロンに参加するようになりました。最初は不安もあったそうですが、毎回のサロンに参加して友達もたくさんできました。いまは「ここに来るのが楽しみ」と笑顔で話します。

ショートステイの一コマ。誰かに何かをしてもらうのではなく、自分たちでお茶を入れたり食事の準備をしたりしている

カズエさんは2年前、サロン参加の人たちとハイキングに出かけました。歩行に不安がありつつもキャリーバッグを押しながら5キロ以上の道のりを歩くことができ、「自信がついた！　ありがとう！」と涙ながらの喜びようでした。いまでは毎月7キロ以上のハイキングに参加しています。こうしてカズエさんは杖も使わずに歩くなど社会性を取り戻し、いろいろな場所に出かけて元気に過ごしています。

「この地域で生活してよかった」

「サロンに来たらみんなとお話ができて楽しみの1つになった」

「家に引きこもっていたけれど、外出するきっかけになった」

「何かあれば助けてもらえるので安心」

サロンにはこうした感想も届いています。サロンが地域の人たちの生活の一部となり、安心できる場所になればよいと思います。

●こどもひろばも週3回

あすなら苑では2018年10月から毎週月・水・金曜日に子どもたちの集いの場として「こどもひろば」を開始しました。

さまざまな家庭の事情により一人で食事をせざるを得ない状況におかれた子もいるため、そのような子どもたちがみんなで食事をし、安心できる心地よい居場所をつくりたいという思いがあります。

　サロンに来ている人の孫、あすなら苑利用者の家族をはじめ、保育園児から中学生まで幅広い子どもたちが来ています。子どもたちは絵本を読んだり宿題をしたり、時にはみんなで体を動かして遊んでいます。同じ地域に住んでいてもお互いを知らなかった子どもたちも、学年に関係なく仲よくなり、笑顔が絶えません。

「こどもひろば」の夕食づくりには、地域の人たちに手伝いに来てもらっています。夕食ができると子どもたちはテーブルを拭き、自ら食器を運びます。「できることは自分でする」ということで、子どもたちの責任感や自立心が芽生えます。同時に、何気なく生活しているなかでの親に対する感謝の気持ちも育まれます。また、みんなでテーブルを囲んで食事をすると、家では苦手で食べられないものもみんなといっしょなら食べられた、という話も聞きます。みんなで食べると楽しくておいしいと感じてもらえたらと思います。

　子どもたちは「今日もご飯おいしかったです。ありがとうございます。また来ます！」と言って帰ります。家族からは「いつも助かっています。子どもも楽しかったといつも言っていて、行くのを楽しみにしています」と、うれしい声が届きます。

　地域全体で子どもを育てていく意識をもつことは、家庭にとっても子育てがしやすくなります。これからも子どもたちが気軽に立ち寄ることのできるような居場所づくりをしていきたいと思います。

chapter

6 〝地域〟があればひとりで暮らせる

いま住んでいる家が「心地よい居場所」であり続けることができるでしょうか。そのなかで「地域」とは何をさすのでしょうか。近所住民の助け合いなどがあれば「〝地域〟があればひとりで暮らせる」といえるのでしょうか。

1 住民同士が支え合う地域づくり

●物盗られ妄想のユウコさんをめぐって

あすなら苑の近くに若葉台住宅（約400世帯で80歳代の人がほとんど）があり、そこで暮らしていたユウコさん（元社長夫人、認知症）の近所への迷惑行為が増えたのをきっかけに、大和郡山市第三地域包括ケアセンター（あすなら苑）が地域ケア会議を開催しました。

その頃「物を盗られた」と近所に言い回ったりするユウコさんの対応に、周囲の人が困っていました。近所に住む医師夫妻（妻は看護師）からケアマネジャーに、近所でも疲弊を訴える人がいること、ユウコさんが調子が悪くなり食事をしていないと聞くと、おかゆをつくって持って行っていること、近所の理解がないと疲弊するばかりなので何とかできないか、と相談があったのです。

初回は理解を得るために地域ケア会議を懇談会と置き換えて周知し、医師、看護師、民生委員、老人会、女性消防員、サービス事業所、包括ケアセンター、ユウコさんの隣人の合計16人が集まりました。

はじめにベテランの主任介護支援専門員が、本人の気持ちを一番に考えること、本人の意見を批判や否定しないこと、みんなで考えるべきことを、ていねいに伝えました。さらにケアマネジャーが、個人情報にも注意しながら家族関係の調整、ケアの工夫や考えを話し、主治医からも認知症の方に対する薬の処方について説明がありました。

近所の人たちからは、批判的な意見よりも「認知症の症状が深刻化する前に早くから関わっていればよかった」「何かおかしいと感じたときに話し合えるような近隣との関係づくりが必要ではなかったか」などの意見が出て、近所のつながりや民生委員との情報共有が必要になることが確認されました。その結果、ユウコさんが外に出て「財布を盗られた」と相談しにきても、近所の人たちの対応は、少しずつやさしくなっていきました。

また住民同士のつながりも大切で、学習も必要だと声が上がりました。住民から声が出たことが重要で、とても大きな力になりました。始まって3年間、いまでも3～4か月に1回程度は話し合いと学習会が続いています。

この若葉台住宅は、この学習を通して地域づくりができてきたので、その後も認知症の人や重介護度の人がたくさん出てきましたが、定期巡回・随時対応型訪問介護看護に登録し、地域でお互いに支え合う住宅になりました。

しかし、残念ながらユウコさんはその地域ではなく、家族が精神病院への入院を希望してしばらく入院し、それからサービス付き高齢者向け住宅（あすならハイツ恋の窪）に入居した後、いまは同じエリアの特別養護老人ホーム（あすなら苑）に入居して、穏やかに暮らしています。

若葉台住宅での支え合いについて話し合う住民

●徘徊するテツオさんを地域で支える

同じ若葉台住宅のテツオさんは妻と2人暮らしです。49歳で若年性アルツハイマー病を発症し投薬治療を続けていました。妻は脳腫瘍の後遺症でまったく介護ができない状態でした。

昼夜逆転、徘徊、暴力と職員も手に負えない状態でしたが、毎日デイサービスに通って生活を整え、職員と徐々に信頼関係を築くことで落ち着いてきました。しかし、朝のデイサービスの迎えが到着するまでに徘徊することは日常茶飯事で、隣の市で警察に保護されることもたびたびなほか、近所の庭に無断で立ち入ることも増えました。

この頃、近所の人から「不審者がいる」「早くテツオさんを施設に入居させてほしい」と苦情が出始めました。担当のケアマネジャーたちは住民に、認知症で徘徊する人を迷惑な人として排除せず、むしろ町内で徘徊できる、認知症の人を見守る地域づくりへの協力を要請しました。家族の許可を得てテツオさんの顔写真と事業所の連絡先を書いた「徘徊者カード」をつくり、近くの交番、商店街、コンビニエンスストア、ビジネスホテル、そして地域の人たちに、テツオさんとデイサービスの責任者とケアマネジャーがいっしょに配布しました。

ある日「徘徊者カード」を配布した酒屋のおじさんから、あすなら苑に「いま、テツオさんが歩いていたよ。早く行ったって」と連絡がありました。配達途中にテツオさんが国道を歩いているのを発見したとのことで、無事保護につながりました。

私たちは、こうしたあすなら苑の取り組みを地域での学習会や利用者の家族に話す際、自らの問題として取り組む必要性を伝え続けました。すると徐々に、地域の様子に注意が向くようになっていきました。そして地域の人からあすなら苑に「テツオさんの様子を見に行ってあげてほしい」と相談があったり、地域の人同士で介護の相談にのったりするなど、住民に助け合いの気持ちが生まれてきました。

個人の問題を住民の問題としてとらえることは、とても大切であると同時にとても難しい問題です。住民は地域のことに無関心どころか拒絶したり、批判することもあります。地域住民が支え合いの認識をもつためには、まず職員がプロの地域コーディネーターとして問題を整理できる人材になり、地域住民の主体性が育つよう支援しなければなりません。

身体拘束からは何も生まれないように、排除からも何も生まれないのです。生きる力は、子どものときも大人になってからも、社会で生きていくために必要です。困っている人の存在を知り、ともに自分のこととして考え、力を合わせて実践していくこと、支え支えられる関係を築き、生きる力を育むことが大切です。

このときから15年がたち、認知症に対する住民の認識も変わってきました。また、警察なども認知症、徘徊、行方不明に対して、仕事として対応がていねいになりました。

私たちはテツオさんからたくさんのことを学びました。若年性アルツハイマーになってもオムツをしないでいっしょに歩くと、認知症は進んでも拘縮は起きず、15年たっても座って食事がとれます。当時はテツオさんの家庭も混乱しましたが、中学生だった息子も高校生だった娘も、それぞれ独立して家庭をもっています。みんなで支え合えば暮らしが戻ってくるよい事例になりました。

2 近所の人たちの理解と支援

●地域の見守りのなかで自由に過ごす

2007年「あすならホーム二階堂」に小規模多機能型居宅介護を初めて開設しました。当時の森本貴彦施設長は「あすならホーム二階堂多機能型ケアホーム」を開設して数か月のち、地域包括支援センターから65歳の女性の紹介を受けました。

その女性は再婚を繰り返し、2人の子どもとは関係が悪いため、ひとり暮らしが続いていました。幼い頃は家庭環境に恵まれず、小学校を卒業すると仕事に就いて家計を助けていたそうです。認知症と難聴があり、人とのコミュニケーションが弱く生活に支障が出ていましたが、近所の自治会長、民生児童委員が気にかけて生活の見守りをしていました。

日中はホームで職員が関わり、夜間は近くの夜間中学校（夕食が食べられる）で過ごす日課でした。ホームの布巾・スプーンなどを自宅に持ち帰ること、スーパーで支払いをしないこと、足腰が丈夫なので好きなときに来て好きなときに帰宅するなど、その人が思ったままの生活ができるようサポートしていました。

ひとり暮らしを続けていくには近所の人たちとの関係を保つことが鍵と考え、定期的に近所の人たちとの話し合いを実施したり、職員も訪問時に近所の人たちにあいさつしたりして、ホームとの信頼関係を築くことを意識しました。何かあればいつでもホームに連絡してもらうようにすることで、近所の人たちにも安心してもらいました。

買い物をしても支払いをしないことでたびたび警察から連絡がありましたが、いつからか直接お店から連絡が入るようになりました。認知症と難聴があるため何かあればホームに連絡してもらう旨を店長に依頼し、顔写真を店舗事務所に貼ってもらいました。「出入り禁止」と警備員に告げられましたが、女性は勝手に出入りしていました。

その頃から自宅室内は荒れ、トイレットペーパーや洗剤が増え続け、私たちも処分に困るようになりました。自宅近くに「あすならホーム天理」が開設されると、女性は2つのホームを自由に行き来していました。

しかし、徐々に認知症が進行して夜間の出歩きも始まり、近所の人から「心配ごとが増えてきた」と聞いて、自治会長、民生委員、包括支援センター（現あすなら苑ケアプランセンターの今島裕美ケアマネジャー）とホーム職員とで話し合いをしました。

居場所がわからず捜索願を出したり、道端で転倒して救急搬送されたり、居酒屋の前で寝込んでいたり、遠く離れた県外の警察から連絡があったり、雪山で発見されたりでしたが、自分の家とホームを行ったり来たりの毎日は続きました。

女性といっしょに昼の店舗、夜の店舗に「何かあれば連絡をください」とあいさつ回りもしました。すると「深夜に散歩している姿を見て気になったから」と、居酒屋の人から連絡が入ることもありました。

近所の人たちの見守りのおかげで、私たちも少し安心できました。ホームの外で女性を四六時中見守ることはできなかったので、ありがたいことでした。GPSも工夫して持ち歩いてもらい、職員が居場所を定期的に確認することも増えていきました。経済的なこともあり、自治会費を免除してもらったほか、近所の人には女性の自宅を訪問して声をかけてもらっていました。

認知症の症状が強くなっても、近所の人たちの理解と支援があれば、このように自宅で暮らしていけるということを、この女性利用者を通じて多くの職員が学んだと思います。

●認知症とゴミ屋敷で生活が難しくなったリツコさん

リツコさん（80歳代）はひとり暮らしの女性です。認知症になって身の回りのことをするのが難しくなり、自宅もゴミ屋敷となって生活を送るのが難しくなってきました。

リツコさんは養護老人ホームかんざん園の音楽療法（介護予防）に、2週間に1回通っていました。話をするのが好きで、いつも誰かを見つけて笑顔で近づき声をかけますが、リツコさんは何年もお風呂に入っていないため体臭が強く、地域の人は誰もリツコさんに近づきません。

近所のスーパーでも、リツコさんが店に入ると体臭でお客さんから苦情がくるからと、出入り禁止になっていたため、お金があってもスーパーで食材を調達できませんでした。

食材や食事は、昔からの友人や頻回に自宅を訪れる知人が持って来ているようでした。そのなかには、食材と引き換えにリツコさんからお金を借りている人もいて、その額は数百万円にもなっていました。

リツコさんは若い頃、裁縫で生計を立てていました。コツコツと蓄えた貯金が1000万円ほどになっていましたが、知人の登場で残金は残りわずかになっていました。そこで、行政も関わりリツコさんの生活再建を行うことになりました。

お金の管理等は行政が中心に行い、暮らしについては私たち介護職員が関わりました。まず、これまでの生活を見るために、自宅の様子を確認することにしました。

自宅前には何度か行き、玄関周辺に物が散乱しているとは感じていましたが、それはキッチン、お風呂、トイレ、二部屋すべてにおよび、服や雑誌・新聞紙などがあふれていました。どこで寝ていたのかと疑問に感じるほどです。すると部屋の片隅にソファらしき一角が見え、その上に新聞紙などが整列していたので、普段はここで寝ているのだろうと推測できました。

窓はありますが、荷物があるのに加えて長年開けていないため、開かないようです。そのため夏は暑くて夜も眠れず、近所を歩いて過ごしていました。おかげで昼夜逆転となり、日中はウトウトしていました。

自宅の玄関に鍵はなく、その代わりに扉の前に荷物を置いて出かけていました。リツコさんが不在のときは、知人が無断で部屋に入って物色している、と近所の人から聞きました。鍵穴も扉も壊れていたため、意思を確認したうえで、リツコさんといっしょに貴重品をかんざん園に移しました。

台風が近づいてきた時期、リツコさんから「一人で過ごしたくない」との訴えがあり、急きょかんざん園のショートステイを利用することになりました。利用にあたり親族に連絡を取りました。リツコさんの様子や家のことは気になっていたが、家族だけでは対応できないためそのままにしていた、とのことでした。

そこでリツコさんと家族とで、部屋の掃除をすることになりました。1日では玄関と台所の清掃しかできないほどのゴミの量で、床の新聞紙や雑誌を取り除くと、ゴキブリやネズミなどさまざまな死骸や糞が床一面に広がっていました。何年もその状態だったため床は腐り、部屋全体に埃とカビのにおいが充満していました。

部屋の掃除と同時に、リツコさんの清潔保持を行うことにしました。何年も入浴していなかったこともあり、激しい拒否が見られました。そのため、まずは信頼関係を築くことに努め、そして足浴をして清潔保持が気持ちのよいことであることを伝え、さらに羞恥心が少しでも薄れるようなアプローチをしました。

再度の入浴の誘いも拒否されましたが、1対1でいっしょに入浴することを説明し、渋々ながら了解を得て入浴することになりました。

服は時折着替えていたようで、汚れもにおいも多少ある程度でした。下着は替えていなかったようで、排せつ物が固まり、それが原因で広範囲に皮膚炎を発症し、かゆみの訴えがありました。足裏は、角質が固まり白癬菌とヒビ割れができていて、歩くのも痛かったようです。洗髪や洗顔をするとリツコさんから少しずつ笑顔が見られ、自分でタオルを持って体を洗うようになりました。体を洗うと浴槽に入るのに時間はかからず、スムーズに運びました。

久しぶりの入浴がよほど気持ちよかったのか、次からは拒否もなくなりました。リツコさんの入浴は、周囲の人を驚かせました。

リツコさんが自宅に戻るためには、自宅の清掃と本人の生活再建が必要です。食事・睡眠・清潔保持を行いつつ、2回目の自宅の清掃を行うことになりました。このときもリツコさんと家族、行政、職員らで実施しました。家主や近所の人たちも見に来て、清掃のための物品を借りるなどいろいろと協力を得ることができました。

ただし、想像以上に部屋が汚れていたこと、リツコさん自身が自宅に戻ることに不安を感じていること、そのアパートが老朽化のため継続契約に困難な面が見られたこと、親族も近所の人もリツコさんが地域で生活をしていくことに不安を感じたことなどから、ショートステイ利用後は自宅に戻らず、ほかの事業所のグループホームへの入居となりました(当時、この地域には協同福祉会のグループホームがありませんでした)。

私たちは、リツコさんの生活再建といいながら、リツコさんしか見ていませんでした。認知症であっても地域に受け入れてもらうために、親族（家族）や地域（近所）の人たちに、当たり前の生活を送るための「10の基本ケア」についても、しっかり話ができるようにならないといけないと感じました。

地域も少しずつ変わってきました。75歳以上の住民が増えて他人事でなくなってきました。団塊世代が約８００万人います。その人たちが２０２５年には75歳以上になります。

私たちプロ集団が地域コーディネーターになり、誰もが住み続けられる環境をつくっていけば、認知症になってもひとりで暮らせる地域をつくることができると思います。しかし、このような考え方をもち続けられるプロの職員集団を、継続して輩出できるのかという課題があります。

chapter 7

〝地域密着型の介護サービス〟があればひとりで暮らせる

地域密着型サービスとは、認知症高齢者や要介護高齢者が、介護度が高くなっても住み慣れた地域で、いつまでも生活できるようにする目的で創設された介護サービスです。市町村が指定した事業者がサービスを行い、その地域に住む住民が対象です。

小規模な施設や、短い滞在時間で回数を多くできる訪問サービスなど、利用者のニーズにきめ細かく応えられるよう、柔軟なサービスとして設計されています。また、地域密着型サービスの多くは包括ケア・包括報酬となっていて、決まった月額利用料金で必要な回数分のサービスを受けることができるのも特徴です。たとえば外食のバイキング形式に似ています。

表1）定期巡回サービスと他の訪問系サービスとの料金比較（介護保険1割負担額）

訪問介護（身体）	30分以上1時間未満	1回	411円
訪問看護	30分以上1時間未満	1回	816円
定期巡回・随時対応型訪問介護看護	要介護2	1月	13,458円

代表的な地域密着型サービスには表1のようなものがあります。この章では、これらの地域密着型サービスをうまく利用して、ひとりで暮らせた事例を中心に紹介します。

(1) 小規模多機能型居宅介護、グループホームなどを利用する

●最後までトイレに行ったヤスオさん——小規模多機能を利用して

2018年の真夏の早朝にヤスオさんが亡くなりました。1941(昭和16)年生まれの77歳でした。通い慣れた小規模多機能型居宅介護*(小規模多機能)で、妻のレイ子さんに見守られ、娘のヨウ子さんに手を握られて旅立った姿は、誰もが願う最期のあり方のように見えました。

軽度の認知症があり、レイ子さんの入院に際して小規模多機能の利用が始まったヤスオさんは当初、職員との関わりを拒否していました。その頃は軽トラ(軽トラック)にも乗っていました。事故を心配したヨウ子さんが軽トラのキーを隠すと、「娘がキーを(娘の家に)持って帰った」と不満を口にし、仕方なく自転車で畑と自宅を往復していました。職員が毎日自宅を訪問して徐々に顔を覚えてもらい、昼食を食べにだけ小規模多機能に来るようになりました。

退院したレイ子さんが、自宅での生活動作ができるよう、リハビリ目的でしばらく小規模多機能の泊まりを利用すると、レイ子さんに会うためにヤスオさんも小規模多機能に通うようになり

ました。自転車でやって来て、大きな声でレイ子さんと話し、昼食を食べて帰って行きました。そんな生活が続いていた頃、病院受診でヤスオさんに肝臓ガンが見つかりました。ヤスオさんはいたって元気に見えましたが、余命は1年ほどと宣告されました。

ヤスオさんは徐々に体力が落ちてきて、自宅で夜、レイ子さんを起こすようになりました。それが続くと今度はレイ子さんが倒れそうになります。そのため、ヤスオさんを説得して小規模多機能に泊まってもらうようにしました。その後、さらに体調不良を感じるようになったヤスオさんは、自ら「今日は泊まらせてくれ」と言うようになっていきました。

この時期になると、最期はどこで過ごすのかを考えなければなりません。自宅や小規模多機能で最期を迎えるためには、主治医を在宅往診医に変更しておく必要があるからです。

レイ子さん、ヨウ子さんと相談し、いったんは在宅往診医に変更して自宅で過ごすことになりました。ところが、長男のヨシアキさんから小規模多機能に「入院させるつもりです」と連絡が入りました。あわてて施設長、看護師、介護士の3人で自宅を訪問し、話し合いました。

ヨシアキさんの意向は、病気の治療目的の入院でした。しかし病院からは、治る見込みがないことを伝えられていました。看護師がその経緯をていねいに説明しました。ヨシアキさんは母親のレイ子さんの負担をとても心配していたのです。そこで、小規模多機能と訪問看護で負担がないようにしていくこと、ヤスオさんは自宅で過ごすことを希望していることを説明しました。ヨシアキさんの立場を立てつつ、お互いに理解を深めた末に、ようやく話し合いがまとまりました。

ここで気持ちが通じたことで、後の看取りの経過もヨシアキさんに受け入れてもらえるようになりました。

亡くなる3日前には、「家に帰りたい」というヤスオさんの言葉を聞いた2人の訪問看護師が付き添って、すぐに帰宅しました。自分の布団に入ると、本当に安心した顔で1時間ほど寝入りました。そのまま逝ってしまうのではないかと心配したほどで、その顔を見た看護師らは「やはり、慣れ親しんだ家で過ごすことが、一番気持ちが安らぐのだと感じた」と話していました。

2日後、小規模多機能でいよいよヤスオさんの呼吸が苦しそうになったため、往診を依頼しました。医師の見立ては「もって今日、明日」。家族に連絡すると、レイ子さんがすぐに、ヨシアキさんも夜には駆けつけました。ヨウ子さんは泊まることになりました。

朝方、夜勤者2人がヤスオさんを励まし、レイ子さんが傍らで見守っていました。喉が痰でゴロゴロ鳴っていました。仰臥位から安楽な姿勢にすると痰が口から出て、呼吸が楽になったようでした。肩呼吸になっ

小規模多機能で談笑する高齢者

て、職員がヨウ子さんを起こしました。ヨウ子さんはベッドの横に立って夜勤者が背中をさするのを見ていましたが、「娘さんも手を握ってあげてください」との呼びかけに「いいんですか」とヤスオさんのそばに駆け寄り、「お父さん、しっかりして！」と声をかけ手を握っていました。

肩呼吸から口で呼吸するようになり、それがしばらく続きました。手を握るヨウ子さん、そしてレイ子さんと一呼吸一呼吸を見守るなか突然、息を吸おうとしてヤスオさんは大きく頭をのけぞらせ、動きが止まりました。これで臨終かと4人がじっと見つめていると、1分ほどして口が動き、「まだ大丈夫」と思ったのも束の間で、その動きが最期でした。

ヤスオさんは、ご飯が食べられなくなり、体力が落ちてきている状態でも「トイレに行きたい」と言い、そのたびに職員がトイレに付き添いました。トイレに行くことも難しくなってくると、部屋にポータブルトイレを置いて、そこに座って用を足しました。決して「オムツを巻いてくれ」とは口にしませんでした。ヤスオさんがトイレに行きたいと言う限り、トイレに行ける工夫をするのが大切だと感じさせられました。

最期はつながりのできた仲間で見送る。旅立ちは一人になるが、寂しくない。身内が一人だけの看取りは負担が大きく、つらい。けれども仲間で負担を分け合って、残された人の人生も豊かになる人間関係ができる看取りは可能だ――、とヤスオさんの生きざまに教えられました。

オムツゼロでトイレに座れるケアは、東京都品川区1万5046人のデータ追跡（2015年4月～2017年11月）で、①トイレを使用できないグループは75％の人が要介護4または5になっていました。そのうち50%の人が、2・7年後に死亡していました。②場合によってはトイレを使用できるグループの死亡率は30%でした。③常にトイレを使用できるグループは、要介護4または5になる人が5%にとどまっていました。

病院に入院するとすぐにバルーンかオムツをつけられ、それによって認知症が進む人を多く見てきました。本当にそれでよいのでしょうか。

＊小規模多機能型居宅介護＝通いサービスを中心に、必要に応じてスタッフが利用者宅を訪問したり、利用者が泊まることもできる施設です。利用料は介護度による定額料金となっています。利用できる事業所は1か所のみで、担当のケアマネジャーも小規模多機能の在籍者に変更になります。通い、泊まり、訪問のサービスを柔軟に組み合わせることで、利用者や家族のニーズに最適な支援を提供できる理想的なサービスである反面、登録定員が29人までという縛りもあります。

●居場所を見つけ始めたタダシさん――グループホームでの生活

84歳の男性タダシさんは、アルツハイマー型認知症で要介護2です。娘のマスミさんが結婚して自宅を出てから、アパートで15年ほどひとり暮らしでした。

ある時期から夜間に一人で外出することが多くなり、自宅に戻れなくなって警察に保護されることが続くようになりました。近所で発見される場合もあれば、県外まで行っていることもありました。心配したマスミさんが自宅に見守りカメラを設置しました。このカメラで遠方のマスミさんが夜間の状況を把握し、タダシさんが布団で横になるのを確認する毎日でした。

マスミさんが小さい頃はタダシさんが食事をつくっていたそうですが（得意料理はお好み焼き）、認知症のため自分で食事をつくるのは困難になり、コープの配食サービスを利用していました。

そのマスミさんから、あすならホーム柳本（グループホーム）*に相談がありました。

「なるべくいまの気ままな生活をさせてあげたいと思って、家族で協力してデイの準備や夜間の見守りなどを行ってきました。いま、電子レンジの使い方もわからなくなっているため、冷えたご飯を毎日、一人で食べている姿が寂しそうに見えて……。失禁をしても着替え方がわからなくなるときがあり、困っている状況も見られます。社交的な父なので、人のいるところで、あたたかいご飯をいっしょに楽しく食べられる場所で生活してほしいと思って……」

その後、職員がタダシさんの自宅を訪ねて生活状況と思いを聞きました。さらに後日、家族同伴でタダシさんにホームを見学してもらいました。

ホームの玄関を開けて中に入った際、タダシさんは「新築の家ですか？」と職員に尋ねていました。「施設」ではなく「家」と認識してもらえたようです。グループホームは、住み替えの住居です。室内で靴は履きません。廊下はフローリングです。上がり框から室内に上がってもらい、居室を案内しました。畳の居室とフローリングの居室があります。タダシさんの希望は「やっぱり、畳の部屋が落ち着くかなあ」とのこと。家族の意見も踏まえて居室が決まりました。

入居したタダシさんは「今日からお世話になりますタダシです。よろしくお願いします」と、ほかの入居者にていねいにあいさつをしていました。ところが、マスミさんが帰宅してしばらくすると、タダシさんは「（自分の）家に帰らないといけないので、これで失礼します」と一礼をして玄関に向かいます。マスミさんがいっしょだと安心だったものが、姿が見えなくなってふとしたときに、〝なぜここにいるのか〟とわからなくなったのかもしれません。

幾度となくこのようなことがありました。そこで職員がその都度、帰ろうとするタダシさんといっしょに地域を歩くようにしました。マスミさんにもできる限りの面会を頼みました。タダシさんが「ここにいても娘に会える」と思えれば、安心感につながると考えました。加えて、ほかの入居者といっしょに外出したり、ベランダでいっしょにお茶を飲んだりして、職員を含めたホーム内の人間関係を築いていきました。

ある日の午前中、タダシさんは帽子をかぶり、いつものカバンを横掛けにした姿で「今日、京都に行く用事があるので、お世話になりました」と職員にていねいにあいさつし、外出して行きました。いつものように、職員がいっしょに歩いて寄り添います。1時間ほど歩いたときに、職員がタダシさんの不安そうな表情に気づいて声をかけると、「トイレを我慢していた」とのこと。途中にコンビニなどもなく、急いでホームに引き返しましたが、便失禁となってしまいました。

このことを職員らで振り返りました。なぜタダシさんは落ち着けず便失禁に至ったのか……。

「タダシさんのなかで、ホームが落ち着ける住まいとなっておらず、遊びに来ている場所・外出先という認識ではないか？　外出先では排便をすることが恥ずかしいと思われて、排泄できる場所を探しに行かれたのではないか？」

タダシさんは当日まで3日間連続で排便がありませんでした。タダシさんにとってホームでの生活とは何かを、改めて考えさせられた出来事の1つでした。

この出来事を受け、ケアの振り返りを行いました。そして、タダシさんが得意な料理の腕を生かして職員といっしょに味噌汁をつくったり食器を洗ったり、あるいは正月に男性職員と門松をつくる、さらには畑で野菜を育て、芋ほりなどの収穫作業をするなど、生活のなかでの役割や居場所を見つけてもらう取り組みを進めていくことにしました。

穏やかな、やさしい人柄のタダシさんです。困っている人がいれば手を差し伸べ、逆にほかの入居者に助けられている場面も見られるようになりました。その頃から、「お世話になりました」と外出しても、職員といっしょに1時間ほど歩くと「もうぼちぼち、家に帰ろうか」とホームに戻るようになりました。玄関に着くと、職員の「お帰りー！」に「ただいまー！」。タダシさんはホームでの居場所を、自身でも徐々に見つけてきたのではないかと思います。

植田恵美施設長は、この事例から次のように話しています。

「グループホームに入居しても、できることは自宅と変わらず自分で行うことで、自分の生活を営むことにつながります。これからも、できないことは職員がサポートしていき、入居していただいた方が『自分なりの生活』を実現していけるように、利用者の方から教わりながらチームケアに取り組んでいきたいと思います」

＊**グループホーム**（**認知症対応型共同生活介護**）＝認知症高齢者が5～9人で共同生活をしながら、日常生活の介護を受けられる施設です。利用者が家事を分担するなどして、リハビリをしながら認知症症状の進行を防ぎ、安心して生活できるようにします。最近では入居者の重度化に応じて必要な介護や医療を提供したり、看取りもできるグループホームが増えています。

2　定期巡回などの在宅サービスを利用する

●定期巡回・随時対応型訪問介護看護をうまく利用して2人で暮らし続ける

ユキオさんは84歳、認知症があります。自宅で転倒して肩と肘を強打し、骨折は免れたものの、思うように動けなくなりました。ベッドから落ちたり、起き上がれなかったり、ふらついたり、歩きにくかったりします。食事もとれなくなり、1日1食程度の暮らしになっていました。

妻の利恵さんは77歳です。うつ病で心療内科に通院し、右膝は手術を受けて人工関節です。精神面の不安定さもあり、一日中ベッドで寝ている日が増えてきました。

日中・夜間にかかわらず、ユキオさんがベッドからずり落ちて起き上がれないなどのトラブルがたびたびありました。その都度訪問看護サービスの緊急時訪問で対応したため介護保険の費用がかさみ、2人は困っていました。

以前この夫婦を担当していたケアマネジャーから、「あすならハイツあやめ池の定期巡回・随時対応型訪問介護看護*サービスで何とかできないか」と相談があり、プランを引き継ぐことになりました。さっそく担当者と家族が集まり、夫婦の課題を検討しました。その結果、定期巡回・随時対応型訪問介護看護サービスで以下のことを担っていくことになりました。

・テレビ電話で安否確認を行う（協同福祉会は定期巡回・随時対応型訪問介護看護サービスの経費で利用者の自宅にテレビ電話を設置していて、全体で300台以上になっている）
・いつでもテレビ電話で連絡して助けを呼べると安心してもらう
・訪問看護で医師と連携して体調管理を行う
・薬の仕分けと服用の確認を行う
・食事のセッティング、買い物、掃除・洗濯などの生活支援
・遠くに住む息子と随時連絡を取って相談する

また、定期巡回・随時対応型訪問介護看護以外のサービスも本人の希望であすならハイツあやめ池に代わることになり、以下のサービスも組み合わせて提供することになりました。

・体調不良時はショートステイを一時的に利用し、様子を見る

・デイサービスで歩行訓練を行い、他者との関わりも広げる

これらのサービスを受けるようになり、それまで限度額オーバー分も含めると月10万円以上になっていたユキオさんの月々の訪問系サービスへの支払いを、包括報酬の定期巡回・随時対応型訪問介護看護サービスで2万円以下に抑えることができました。また、他社のデイサービスではユキオさんが拒否していた入浴サービスも、職員との信頼関係が深まることで、ある時期から喜んで利用が始まりました。

そして現在、ユキオさんはなんと一人で歩けるまでに回復しました。利恵さんも骨折やうつを乗り越え、元気に自分で食事の用意をしたり、洗濯したり、たたんだり、夫の着替えを手伝ったりするなど回復し、外出時も歩行器で自宅のある団地の下まで歩けるようになりました。

2人が笑顔で安心して自宅で暮らし続けられるのも、定期巡回・随時対応型訪問介護看護サービスをうまく利用できたからだと強く感じています。

＊定期巡回・随時対応型訪問介護看護＝日中・夜間を通して、訪問介護と訪問看護が一体となって、あるいは密に連携して、定期巡回や緊急時などの随時対応・随時訪問サービスを行います。小規模多機能型居宅介護と違って、一般的なデイサービスやショートステイと組み合わせることで、在宅生活を支えることができるサービスです。

続いて、秋田にある社会福祉法人ウォームハートにおける小規模多機能の事例について、グループホーム西仙の簗久美子代表からの寄稿です。地域密着型サービスならではの利用者の生活に合わせた柔軟な対応や包括報酬による経済的効果で、その人らしい人生が保たれています。

ひとり暮らしを支える柔軟な対応と近隣の支援

社会福祉法人ウォームハート施設長　黒川和敏
グループホーム西仙代表　簗久美子

私たちの小規模多機能を利用しているヒサシさんは、79歳のひとり暮らしの男性です。子どもはなく、妻との2人暮らしでしたが、妻が長期入院となり、1年前からひとり暮らしをしています。要介護1で、脳梗塞による後遺症のため、軽度の左半身麻痺と言葉の不明瞭さや理解力の低下、物忘れが見られます。

在宅生活を続けていくための支援として、週3回の通いと、訪問による買い物や掃除の支援、病院受診の付き添いを行い、在宅日には安否確認の訪問を行っています。

通いでは、入浴支援と昼食を提供しています。どうしても食事が単調になり栄養も偏りがちになってしまうため、施設での食事を楽しみにしてくださっています。発熱など体調不良時には泊まりを利用することにより、不安なく過ごせると話されています。病院受診の付き添いも行っているため、体調不良の際にも早く気づくことができ、体調管理もできることが安心感につながっていると思います。

以前、病院受診時に残薬を確認したところ、特定の薬のみ残薬が異常に少なく、1日に何度も飲んでいることがわかりました。それ以降は小規模多機能で薬を預かって仕分けをし、在宅日には安否確認を兼ねて薬を届け、服薬を確認しています。

小規模多機能での支援以外にも近所や親戚の方が、食事を届けたり、冬期は除雪をしたりしています。高齢者世帯に対し必要な支援を提供する大仙市の軽度生活援助事業を利用し、介護保険では補えない庭の除草作業などを行ってもらっています。こまめに民生委員の方も訪問してくださり、行政の支援を必要とする事柄は包括支援センターと連携を取りながら対応しています。

外出時には歩行器を使用していますが、地域の方々が様子を見ていてくださり、職員の姿を見かけたときには最近の様子を教えてくださったりしています。ヒサシさんは口数が少なく、自分から他家を訪ねることもないため、家を訪れる近所や親戚の方、近隣の見守りをしてくださる方々の協力なしでは、ひとり暮らしを支えていくことは難しいと感じています。

これからも、できる限り住み慣れた家で暮らしていきたいというヒサシさんの気持ちを大切にし、生じてくるさまざまな問題をサポートしてくださるみなさんと相談しながら、解決策を見つけ出していきたいと考えています。

chapter 8

“地域医療”があればひとりで暮らせる

1 アドバンス・ケア・プランニング（ACP）の医療と介護

学習会などの機会に、自分の希望する死に場所を考えてもらうようにしています。選択肢は「病院」「施設」「自宅」の3つで、どれか1つに手を挙げてもらいます。どの会場でも病院、施設に2、3人の手が挙がりますが、8割以上の圧倒的多数は自宅を選択します。

現実は病院で亡くなる人が8割以上を占めており、これほど世間のニーズと現実がずれている課題を解決する道筋はまだ、見えていません。

「自宅で自分の人生の幕を閉じる」

これを実現するためには、自分の意思で決め、周囲が覚悟を決めて、医療で支え、死亡診断をする在宅医がいて、さらに24時間の生活を支える介護職がいることで、初めて実現します。

医療は、インフォームド・コンセントからアドバンス・ケア・プランニング(ACP)に移ろうとしています。本人の希望、望む暮らし、ありたい姿を、本人と本人が信頼できる人、専門職を交えて話し合い、その合議で支援体制をつくっていくこの取り組みが、これから実践されていきます。

自宅で最期を迎えるのは、これまで、往診医と訪問看護、家族の介護力が必須でした。しかし、高齢の独居や夫婦の世帯であっても、定期巡回・随時対応型訪問介護看護や小規模多機能型居宅介護、看護小規模多機能型居宅介護などの24時間型生活支援サービスと地域医療がいっしょに、自宅で暮らし続ける人を支える時代になろうとしています。

●昔のヒロノリさんに戻ってきた

ヒロノリさんは93歳の男性です。要介護3で、定期巡回・随時対応型訪問介護看護(看護あり)を利用しています。アルツハイマー型認知症、パーキンソン症候群、高血圧、前立腺肥大症が主な疾患です。痩せているうえに長時間同じ姿勢のため、褥瘡が発生するリスクが非常に高い状態でした。妻と長女との3人暮らしです。長女はあすならホームで介護職員として勤務しています。

日中独居のヒロノリさんが、定期巡回・随時対応型訪問介護看護を利用し始めました。当初は椅子に座っていても眠ってしまうことが多く、右側に傾いてしまいます。足関節は内反気味で、椅子に座っても足裏が床につきません。また胸部や大腿部に筋緊張があり、歩行は前のめりでした。発語も「ありがとう」「ごくろうさん」「すいません」の3つくらいでした。

私たちは、毎週火曜日の理学療法士のリハビリと、金曜日の看護師訪問時にストレッチや運動を実施しました。また、筒井デイサービスではタオルを使った体操を行い、歌をうたう時間も設けていて、スタッフそれぞれがていねいに対応しました。

利用開始から1か月半ほどしてパーキンソンの薬の追加があったことで、筋緊張が和らぎ柔軟性が増して、リハビリの効果も日に日に見えてきました。長女の言葉に耳を傾け、悩みを聞き、デイやセラピストと連携を図りました。

現在のヒロノリさんは、以前より顔を上げて過ごし、休憩を入れないと歩けなかった廊下を2往復、休まずに歩けるようになりました。発語も増え、次のように会話も広がりました。

「何時ですか?」

「そんなん言うても時計ないやんか」

「あそこにあります」

「そんなん暗くて見えへんやないか」

以前のヒロノリさんを知る職員は「昔のヒロノリさんに戻ってきたね」と話します。長女も「こんなことなら、もっと早く訪問看護を入れたらよかった」と話していました。

あすなら「10の基本ケア」、生活リハビリを訪問先で実践し、ヒロノリさんの回復を目のあたりにして、よかったと感じられた事例でした。

●訪問看護でがんの治療を支える

アキラさんは69歳の男性です。直腸がんが肝臓に転移していて、ストーマ（人工肛門）を造設しました。さらに薬剤投与用のポート（皮下埋め込み式カテーテル）を造設して、半年前から化学療法が始まりました。2週間に1回のペースで通院し、すでに11クールが終了しています。

ポート部のトラブルはありません。妻が病院で抜針の手技を指導されましたが、アキラさんの希望で看護師が行っています。当初より副作用に口内炎がありますが、軟膏塗布やうがい薬で食事量の低下もなく経過しています。高血圧もなく抹消神経障害の出現もありません。2か月ほど前から脱毛が進行しているようです。

ストーマは、ストーマ外来で診てもらっています。日頃はアキラさん自身で管理しているため、訪問看護師は皮膚の状態確認や交換に、なかなか携わることができません。皮膚トラブルがあり、パウチの種類もさまざまなものを試しているようです。また、訪問時は足浴を実施しています。いつも「気持ちがいい」とのことで、気分転換になっているようです。

もともとボクシング選手で、市スポーツ推進委員会の仕事をしていました。退院してすぐは仕事ができる状況ではありませんでしたが、入院中も「仕事は籍があるので続けたい」との意向でした。1か月ほど前から仕事（会議）に行く機会が増え（週2回くらい）、妻も喜んでいます。

一度は死を覚悟したアキラさんですが、治療をがんばり、副作用の出現や進行などがありながらも、仕事に行くという社会との関わりをもてるようになりました。その思いを大切に、訪問看護の立場からもあたたかく支えています。

●ACPを当たり前に

医療と連携して「アドバンス・ケア・プランニング」（ACP）を学び、「医療・介護サービス提供体制改革」を進めるために、医療提供体制（特に急性期病床の適正化と地域包括ケアシステムの構築をポイントに地域医療構想〈「病院完結型」から「地域完結型」へ〉の推進）と在宅医療の基盤整備が必要です。

自分に介護が必要になった場合は、どのような生活を送りたいのか、どのようにして最後の時期を迎えたいのか、本人・家族がともに選択と心構えをもつことが重要です。特に約800万人の団塊世代の人が75歳以上になる2025年までに、ACPの考え方を学習して確立する必要があります。

1951年は「自宅」での死亡が8割以上でした。2016年は「医療機関」での死亡が75・8％、「自宅」での死亡は13・0％になっています。本人の意思が共有できていないために、人生の最終段階において本人の望まない緊急搬送が行われています。ACPを当たり前にして、元気なとき、認知症になる前に、事前意思確認用紙の記入で意思表示をしておけるようにしていきたいと思います。

特に最終段階に行われる可能性がある医療・ケア方法（点滴や胃ろうなどの栄養・水分補給、疼痛緩和の方法、人工呼吸器の使用、心肺蘇生処置等）に対する意思を示して、事例のように「〝地域医療〟があればひとりで暮らせる」を実現したいと思います。

2 訪問看護ステーションのあり方と考え方

「〝地域医療〟があればひとりで暮らせる」ためには、訪問看護ステーションのあり方と考え方が重要になってきます。

訪問看護ステーションは医療保険制度で患者を診てきました。「地域医療」とは何かを考えると、まず75歳以上の人は必ず身体の衰えによる病気があります。永眠するまで病気とつき合って楽しく暮らしていくことを目標に生活をサポートすることが、地域医療の目的になります。

地域とは生活圏域内（いまはおおむね中学校区）をエリアに考えていますが、医療保険制度の患者を対象に事業を行うと、中学校区の医療保険制度適用の疾患患者は10人以下ですから、事業として成り立つとしても東京、大阪、名古屋の各近隣都市くらいで、基本的に成り立ちませんから広がりません。

そこで出てきたのが看護小規模多機能型居宅介護ですが、小規模なので地域医療をカバーできません。定期巡回・随時対応型訪問介護看護も普及していません。

また、75歳以上の高齢者は、大病院に定期診察に行くのが大好きです。高齢者とその家族には、大病院は病気を根絶してくれるすごい先生がいるので通い続けたいとの思いがあります。通院を定期巡回・随時対応型訪問介護看護などで援助すると、一部の市では「訪問介護に準ずる」ので違反になります。

そのなかで私たちは、定期巡回・随時対応型訪問介護看護事業を柱にして、「地域医療」と「訪問看護ステーション」をつくってきました。重要なことは「訪問看護ステーション」のリーダー（所長、主任クラス）に求められる次の点です。

①病気の患者に特化せず、75歳以上の人は病気（認知症も含む）をもっているので、それとつき合って家で生きていく（暮らしていく）ことをサポートする考え方に立つこと。

②生活圏域内（中学校区エリア）の75歳以上の人を「ほっとかない」「ことわらない」姿勢で対応する医療・介護チームのリーダーになること。

③事業を維持できるように、定期巡回・随時対応型訪問介護看護の登録者を100人以上にして、登録者の70人以上を訪問看護として登録できるようなシステムを、主治医と連携して推進するリーダーになること。

④生活をサポートするために、自立支援ケアの「10の基本ケア」の考え方を実践できるよう、医

療・介護チームの人材を育成すること。

⑤看取りも医療・介護チームをつくり、自宅での看取りができるようにACPの考え方を普及するための5つの要因*をリーダーとして実践すること。

これらが「〝地域医療〟があればひとりで暮らせる」ために重要なシステム要因になると、これまでの実践から考えています。

＊ACPの5つの要因

①75歳以上になったら、救急車を呼ぶ前に訪問看護ステーションに相談する。

②訪問看護ステーションは、ACPをもとに病院に行くのかどうかの説明と確認をする。

③誤嚥性肺炎・認知症などの正しい知識をもっている人を探す。

④ACPの学習等で事前に意思確認の用紙を準備して、日頃から記入してもらうシステムをつくる。

⑤あすなら安心システム25（75歳～100歳、第10章参照）のケアプランのなかに本人の意思を反映できるようにする。

chapter 9

認知症になってもひとりで暮らせる

1 一人の老後も寂しくなくする3つの要因

私たちが関わり、認知症になってもひとりで暮らし、永眠した人はたくさんいます。

特別養護老人ホーム（特養）に入居したトミコさんは、以前はあすなら苑の近所でひとり暮らしでした。粋でおしゃれなトミコさんは、定期巡回とデイサービスを利用し、たまの外食やブティックでの買い物を楽しみにしていました。体調を崩した際、しばらくショートステイで過ごし、回復後は自宅へ戻ることを提案しましたが、トミコさんはあすなら苑の特養への入居を自ら選択したのです。

元気な頃から関わりのあったあすなら苑で、顔なじみの職員たちが頻繁に声をかけたこともあり、入居後も自然な様子で穏やかに過ごしていました。ある日、在宅当時の担当ケアマネジャーと定期巡回ヘルパーといっしょに久々の買い物に出かけたトミコさんは、なじみのブティックでとても素敵な洋服を2着購入しました。

そして、その2週間後に97歳で永眠しました。急なお別れでしたが、元気な頃から最期までトミコさんと関わることができ、多くの職員がトミコさんの死を心から悼みました。

マチコさんは、19年前のあすなら苑創設時からデイサービスを利用していました。女手一つで2人の子どもを育て上げたマチコさんは、その頃はまだ元気で、習字が上手でマイペースなおばあさんでした。近年は大声で人を呼ぶなど少しずつ介護量が増えていきましたが、介助歩行はかろうじてできていました。

そのマチコさんが、主治医からいよいよターミナルだと告げられ、デイサービスの利用が難しくなりました。ケアマネジャーは家族に、定期巡回を利用しながら自宅で看取ることを提案しました。娘夫婦をはじめ4世帯同居の家族の意向は、家族で看取るけれども定期巡回は利用しないとのことでした。

とはいえ、長いつき合いのマチコさんとその家族を放ってはおけません。家族の了承を得て、つき合いの深いデイサービスの職員たちが、邪魔にならない程度にマチコさんに会いに行きました。数日後、マチコさんは１０３年の人生に幕を下ろしました。19年間のつき合いがある職員はもちろん、若い職員もマチコさんのことが大好きでしたから、それぞれの思いで見送りました。

家族からは「長い間、そして最期までよくしていただいてありがとうございました。不安なく看取ることができました」とお礼がありました。訪問の職員が看取ることは当たり前になっていますが、今回はデイサービスの職員が主体になって自宅での看取りを支えました。

部署を越えて「自宅を訪問する」ことが自然になりつつあるのを感じます。特養、居宅、事務所すべての職員が地域の人たちと関わり、介護が必要となった人の人生に思いを馳せ、その暮らしに最後まで責任をもつ。そうありたいと思っています。そして、「親身になってくれる人が傍にいるから一人の老後も寂しくない」と、あすなら苑に縁のあるお年寄りの人たちに思ってもらえることを願っています。

それが可能になる要因をまとめてみましょう。

(1)「ほっとかない」「ことわらない」人のいる地域をつくる
①25年間関わってくれる人がいる
②臨機応変に対応してくれる人がいる
(2)「あすなら安心システム」をつくる
①あすなら安心支援システム…心地よい居場所づくり
②あすなら安心ケアシステム＝「看護多機能型ケアホーム」
(3)包括ケア・包括報酬で自立支援ケアができる介護事業所をつくる

①ＡＣＰの学習と退院直後に在宅復帰できるリハビリケアができる
②法律が変わる、市町村行政が変わる

この3つの考え方をもった、介護・医療事業所、行政、市民がそろったら、安心して「認知症になってもひとりで暮らせる」地域ができると思います。この考え方を学び自分の地域で実践したい人は「全国地域包括ケアシステム連絡会」に加入して、「あすなら安心システム講座」と「10の基本ケア講座」に参加してください。

介護・医療従事者は縦割りのシステムで長く仕事をしてきました。行政も縦割りで法律も縦割りです。一人の利用者に関わる部署が多すぎて、25年間責任をもって関わっても、地域コーディネートをする人材が育っていません。だからこそ、私たちが手を挙げて、25年間一人の人をコーディネートできる人材になりたいと思います。「ほっとかない」「ことわらない」は、そのために必要な資質です。

心地よい居場所は、地域の子ども、高齢者、障害者、働きづらい人、共稼ぎ世代が安心して暮らせるための要になると思われます。行事でなく、心地よい居場所なのかが問われます。高齢になると送迎が必要な人が増えますから、これも法的に制度化しないと、矛盾した法制度になりかねません。

「認知症ケア」は監視するのではなく、ともに同じ時間を過ごすことができる考え方をもつことです。そのためには人材育成が必要です。学習会と実践で、地域から認知症の人を追い出さないことです。団塊世代が85歳になるときは、住宅ぐるみで認知症の人が多くなります。どの住宅も認知症を隠さない地域づくりをしたところは、住みよい地域になると思います。

訪問介護（ホームヘルパー）は、要介護1、2までの生活援助（食事、掃除、洗濯等）をなくすような動きがあります。自宅で暮らし続けるためには自立支援ケア・包括ケアで訪問介護看護のシステムを再度整備する必要があります。いまの制度には問題も多く、自宅で暮らし続けられる包括ケア・包括報酬システムになっていません。

定期巡回・随時対応型訪問介護看護は利用者制限がなくて大変よいのですが、市町村の考え方が訪問介護の考え方を踏襲しています。またデイサービス、ショートステイとの連携も大変難しい

定期巡回サービスの利用者には訪問に加えてテレビ電話で顔を見ながら安否確認をしている。いつでも連絡できるよう、テレビ電話のかけ方を練習している一コマ

ので、事業者が撤退しています。

看護小規模多機能型居宅介護は小規模のため、看護師の人件費が事業的に維持できません。この欠陥を整備して「看護多機能型ケアホーム」にしないと、日本の包括ケア・包括報酬の介護事業は存在しなくなります。そうなると「認知症になってもひとりで暮らせる」地域づくりは困難になると思います。

「看護多機能型ケアホーム」は生活圏域ごとに200人の利用者がいて、自立支援ケアのための通い、泊まりがあり、グループホームのような住まいが72室くらいあれば、24時間ケアが実現できます。

市民参加型福祉＝募金、利用、学習参加をたくさん行い、地域市民といっしょにつくり上げたいと思います。

「認知症になってもひとりで暮らせる」ための課題が、かなり見えてきたと思います。介護予防、要支援の状態のときはサロン、リハビリ強化型デイサービスなどで社会性を保つことが認知症の対応になります。しかし、脳卒中、転倒骨折などで入院すると、退院後は介護施設で集中リハビリをして、自宅復帰をめざしてあきらめないケアをしないと「認知症になってもひとりで暮らせる」ようになりません。また自宅に帰っても、特養で居室訪問を平均1日6回するように、自宅訪問も1日6回体制が必要になります。

夫があすなら苑の特養に入居中でひとり暮らしのサチコさん（80歳、定期巡回・随時対応型訪問介護看護の利用は要介護1、認知症自立度Ⅱ）の介護に、長女が大阪から来ていましたが、介護疲れが出ていました。

①朝9時毎日訪問：朝の服薬、義歯装着、口腔ケア、コルセットを絞める、トイレ誘導。朝の薬はあすなら苑より持参。月曜日に炊飯器をセットしておく。月曜日はあすなら苑デイサービスの迎え、金、土曜日は筒井のデイサービスの迎えあり
②昼（12時〜12分30分）日、火、水、木曜日に訪問：トイレ誘導、昼食提供、服薬、口腔ケア、コルセット確認、テレビ電話をあすなら苑にかけてもらう。昼の薬はあすなら苑より持参。月曜日は炊いたご飯で朝のおにぎりをつくり小分けしておく
③午後（15時30分）日、月、火、木、金、土曜日に訪問：掃除、トイレ誘導、服薬、義歯外し（口腔ケア）、コルセットを緩める
④夕（17時）日、月、火、木、金、土曜日に訪問：トイレ誘導、調理と夕食提供、服薬、義歯外し（口腔ケア）、コルセットを緩める、翌日の昼食も用意する。夕の薬をあすなら苑から持参する
⑤夜（23時）夜勤者訪問：トイレ誘導。パットが濡れていれば取り換える。ガスファンヒーターがつけっぱなしのときは消す
⑥深夜（2時）夜勤者訪問：自分でトイレに行って、床が濡れていることもあり。状況に応

じてパットを取り換え、パッチを更衣して休んでもらう

このように、1日6回訪問とデイサービスで生活を支えることができています。包括ケア・包括報酬ですから、要介護1では採算が合いませんが、支えるには1日6回訪問とテレビ電話の設置が必要です。

要介護認定の課題として、全介助、一部介助、見守りなどの時間によって認定されますが、認知症では要介護1、2の人へのケアが一番人件費がかかります。包括ケア・包括報酬で、認知症の人にはもっとケア加算がつけば、家で暮らせるようになると思います。

2 認知症ひとり暮らし104人のアンケート調査から

「認知症になってもひとりで暮らせる」を可能にするためのエビデンスにしたいと考え、認知症ケアの300人アンケートを、事業所（あすならホーム菜畑、富雄、西の京、今小路、高畑、郡山、二階堂、天理、櫟本、柳本、桜井、畝傍、あすならハイツあやめ池、恋の窪、あすなら苑　計15事業所）の在宅介護（定期巡回・随時対応型訪問介護看護、小規模多機能型居宅介護、看護小規模多機能型居宅介護）関係職員を対象に実施しました（2018年4月～5月）。

すると、認知症になっても自宅でひとり暮らしをしている人が104人と、予想以上に多いことがわかりました。特例の重度の徘徊、重度の周辺症状、環境・家族関係の悪い人は、中学校区で3人ほどでした。その対応には特別職員体制が必要ですが、そのほかの人は自宅暮らしができる確信をもつためにこのアンケートを分析しました。

協同福祉会は2019年9月で20周年記念を迎えました。1999年9月に「あすなら苑」を開設して、2004年（5周年）に「地域福祉拠点政策」をつくり、地域密着サービスの「訪問、通い、泊まり、住まい」の複合サービス事業所を7市に18事業所（事業収入42億円、職員数1100人）つくってきました。

2009年（10周年）に介護事故等を分析して自立支援ケアの『あすなら10の基本ケア』（クリエイツかもがわ）をまとめました。2014年（15周年）に『人間力回復』（クリエイツかもがわ）で「10の基本ケアの考え方」を整備して「あすなら安心システム25」を構築しました。2019年（20周年）に本書『認知症になってもひとりで暮らせる』で、在宅暮らしのためにできていること、必要なこと、不足していることをまとめたいと思います。

認知症のひとり暮らし104人のうち、女性が79人（76%）、男性は25人（24%）でした。年齢は80歳以上が72人（69%）、75歳以上は92人（88%）と、後期高齢者になると大半が認知症を併発します。75歳になっても「あすなら」とつながりがあり、ケアマネジャーらの協力があれば、家で暮らせています。

日常生活自立度はⅡが50人（48％）、Ⅲが30人（29％）、Ⅰが10人（9％）、Ⅳが6人（6％）、Mが2人（2％）でした。また要介護2が44人（42％）、要介護1が30人（29％）、要介護3が21人（20％）、要介護4が4人（4％）です。オムツをせずに自宅で暮らしている人は要介護度が5になりません。

認知症になって5年未満の人が55人、9年までの人が24人、14年までの人が3人でした。これから亡くなるまでのつき合いができれば、年数も伸びると思います。

元の職業は、男性がサラリーマン6人、自営業5人、公務員3人、農業3人、教師2人、女性は専業

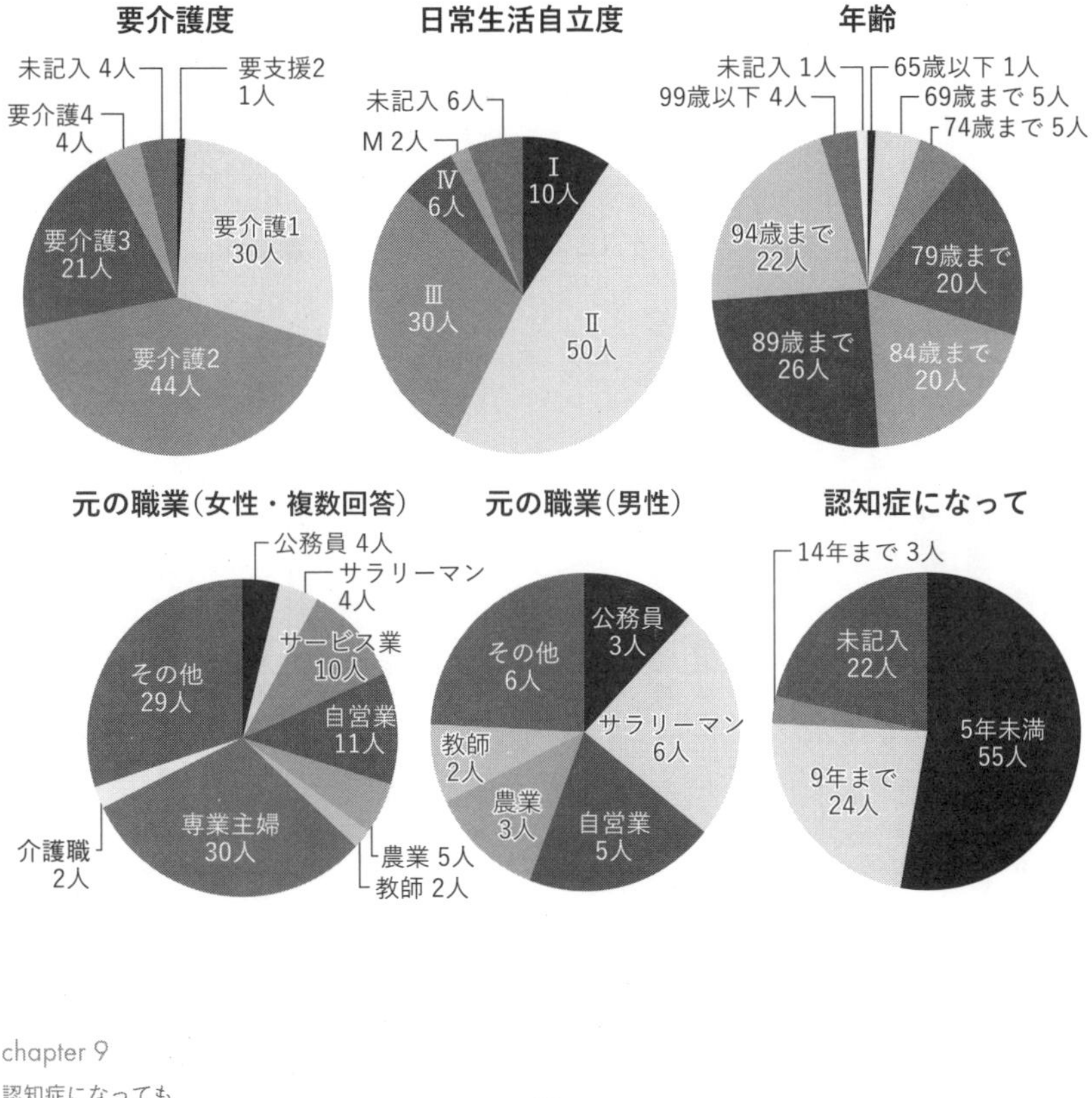

主婦30人、自営業11人、サービス業10人、農業5人、公務員4人、サラリーマン4人、教師2人、介護職2人でした。出身は45人が奈良県（43％）、主な生活地は奈良県88人（85％）、現住所は大和郡山市52人、奈良市30人、生駒市9人、天理市8人、橿原市4人、未記入1人でした。

食事は「よく食べる」「好き嫌いなし」「甘い物が好き」が多くありました。また、タバコを吸っていないのは74人（71％）でした。オムツをしていないのは38人（37％）、自分で夜トイレに行けるのは30人（29％）でした。

疾患名は、アルツハイマー型認知症64人（62％）、脳血管性認知症7人（7％）、前頭側頭型認知症2人（2％）、レビー小体型認知症1人（1％）、その他病名不明が30人でした。

周辺症状として、①「昨日の出来事をほとんど忘れてしまう」61人、②「新しいことが覚えられ

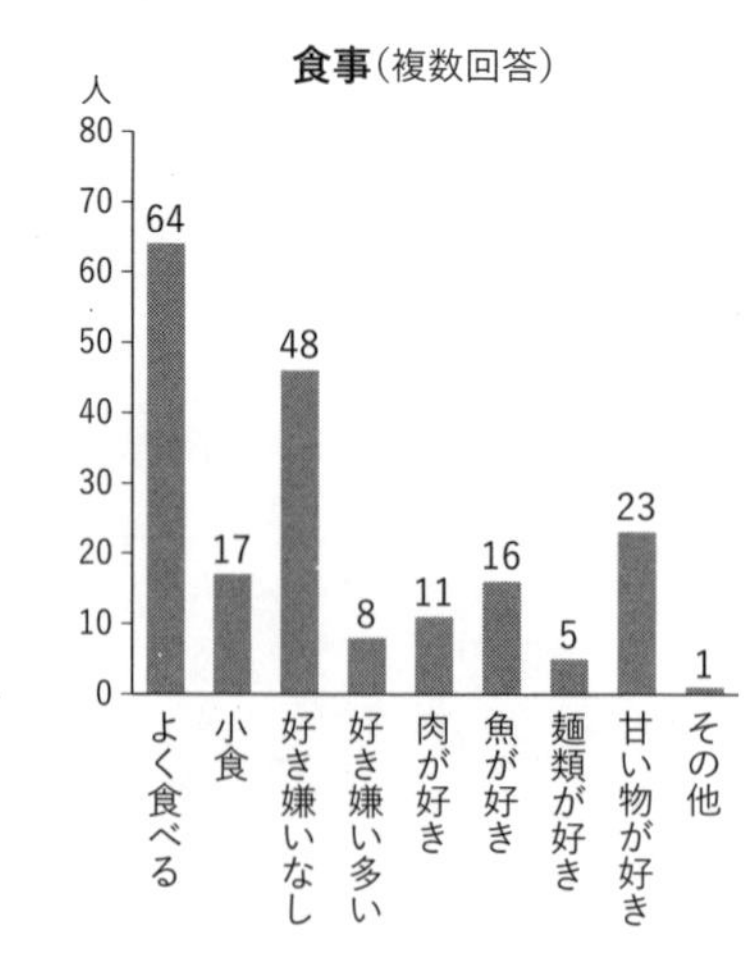

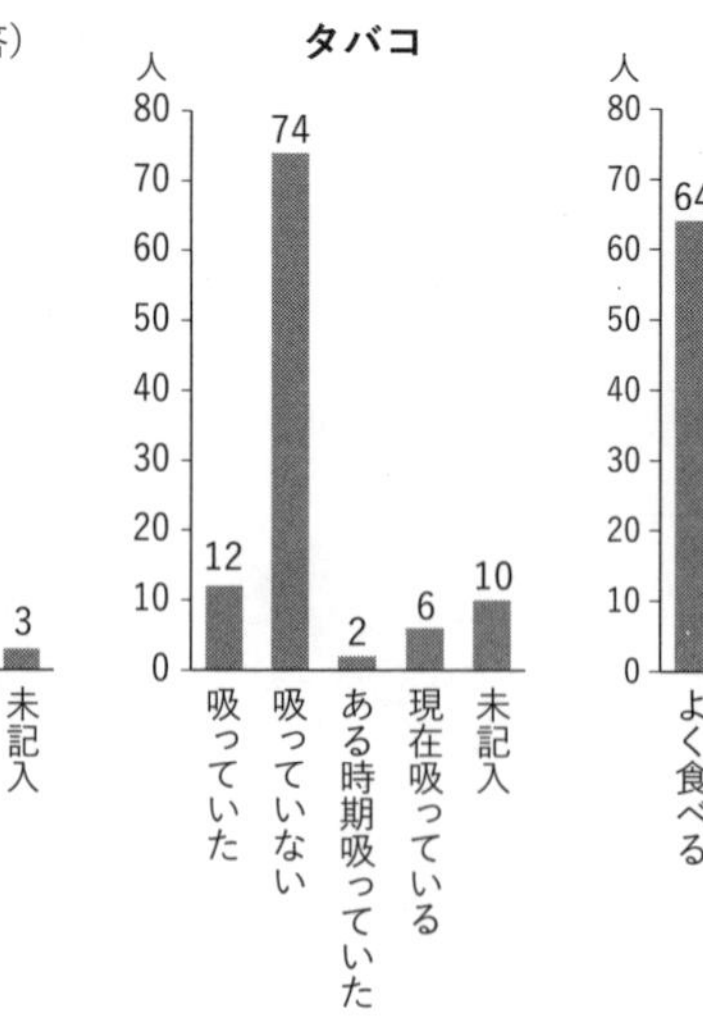

排泄（複数回答）
人
80
70
60
50
40
30
20
10
0
31
38
30
11
3
オムツをしている
オムツをしていない
自分で夜トイレに行ける
便秘気味
未記入

周辺症状

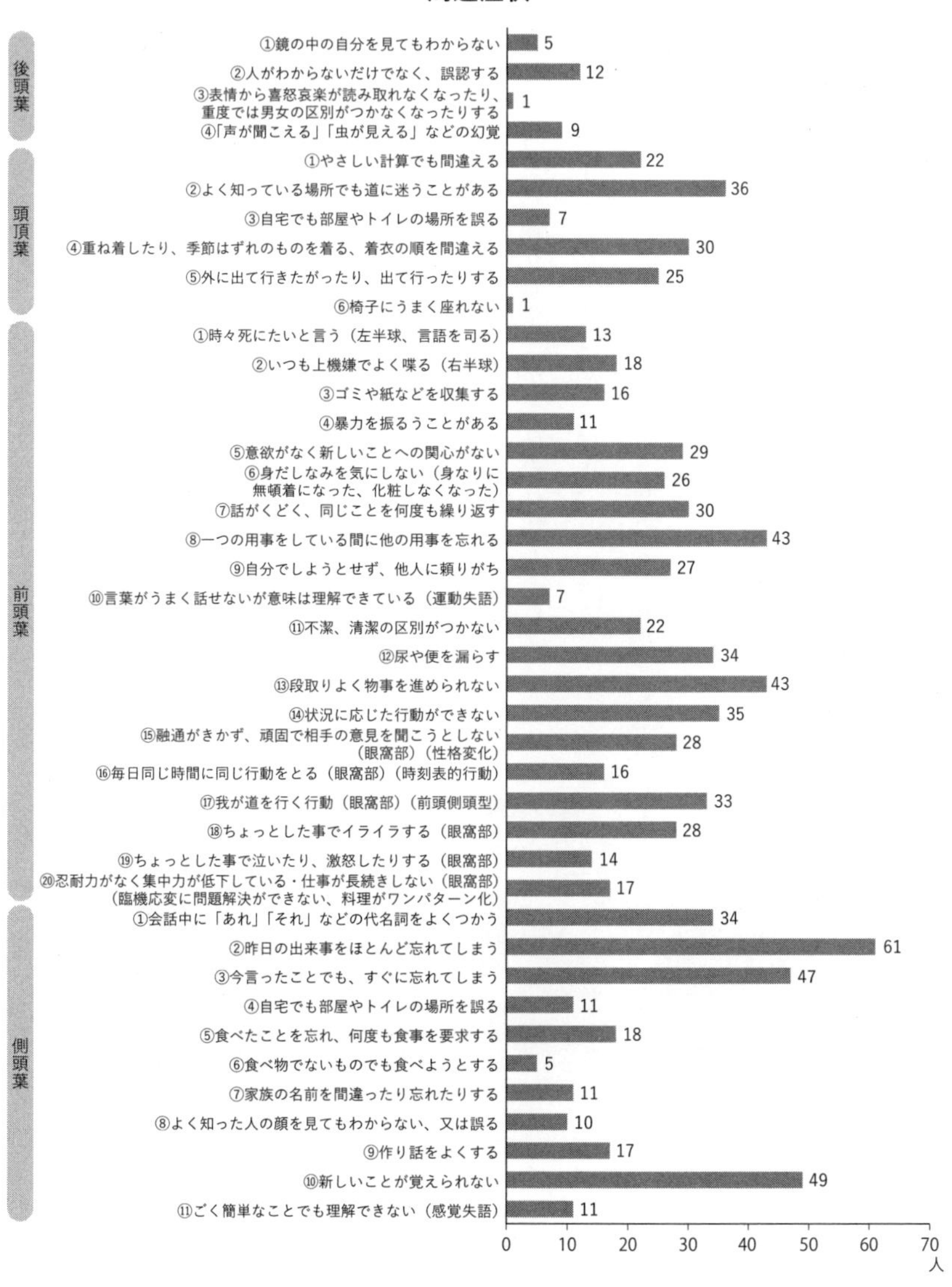

後頭葉
①鏡の中の自分を見てもわからない 5
②人がわからないだけでなく、誤認する 12
③表情から喜怒哀楽が読み取れなくなったり、重度では男女の区別がつかなくなったりする 1
④「声が聞こえる」「虫が見える」などの幻覚 9
頭頂葉
①やさしい計算でも間違える 22
②よく知っている場所でも道に迷うことがある 36
③自宅でも部屋やトイレの場所を誤る 7
④重ね着したり、季節はずれのものを着る、着衣の順を間違える 30
⑤外に出て行きたがったり、出て行ったりする 25
⑥椅子にうまく座れない 1
前頭葉
①時々死にたいと言う（左半球、言語を司る） 13
②いつも上機嫌でよく喋る（右半球） 18
③ゴミや紙などを収集する 16
④暴力を振るうことがある 11
⑤意欲がなく新しいことへの関心がない 29
⑥身だしなみを気にしない（身なりに無頓着になった、化粧しなくなった） 26
⑦話がくどく、同じことを何度も繰り返す 30
⑧一つの用事をしている間に他の用事を忘れる 43
⑨自分でしようとせず、他人に頼りがち 27
⑩言葉がうまく話せないが意味は理解できている（運動失語） 7
⑪不潔、清潔の区別がつかない 22
⑫尿や便を漏らす 34
⑬段取りよく物事を進められない 43
⑭状況に応じた行動ができない 35
⑮融通がきかず、頑固で相手の意見を聞こうとしない（眼窩部）（性格変化） 28
⑯毎日同じ時間に同じ行動をとる（眼窩部）（時刻表的行動） 16
⑰我が道を行く行動（眼窩部）（前頭側頭型） 33
⑱ちょっとした事でイライラする（眼窩部） 28
⑲ちょっとした事で泣いたり、激怒したりする（眼窩部） 14
⑳忍耐力がなく集中力が低下している・仕事が長続きしない（眼窩部）（臨機応変に問題解決ができない、料理がワンパターン化） 17
側頭葉
①会話中に「あれ」「それ」などの代名詞をよくつかう 34
②昨日の出来事をほとんど忘れてしまう 61
③今言ったことでも、すぐに忘れてしまう 47
④自宅でも部屋やトイレの場所を誤る 11
⑤食べたことを忘れ、何度も食事を要求する 18
⑥食べ物でないものでも食べようとする 5
⑦家族の名前を間違ったり忘れたりする 11
⑧よく知った人の顔を見てもわからない、又は誤る 10
⑨作り話をよくする 17
⑩新しいことが覚えられない 49
⑪ごく簡単なことでも理解できない（感覚失語） 11
0 10 20 30 40 50 60 70
人

ない」49人、③「今言ったことでも、すぐに忘れてしまう」47人、④「一つの用事をしている間に他の用事を忘れる」「段取りよく物事を進められない」がそれぞれ43人、⑤「よく知っている場所でも道に迷うことがある」36人、⑥「状況に応じた行動ができない」35人、⑦「尿や便をもらす」「会話中に『あれ』『それ』などの代名詞をよくつかう」がそれぞれ34人、⑧我が道を行く行動(眼窩部)(前頭側頭型)33人、⑨「重ね着したり、季節はずれのものを着る、着衣の順を間違える」「話がくどく、同じことを何度も繰り返す」がそれぞれ30人でした。

そのほか「外に出て行きたがったり、出て行ったりする」25人、「時々死にたいと言う(左半球、言語を司る)」13人、「暴力を振るうことがある」11人、「声が聞こえる」「虫が見える」などの幻覚9人など、落ち着いた介護者の認知症ケアがないと自宅生活ができなくなるような人も多数でした。

一番の理解者は、介護者が91人、ケアマネジャー81人、

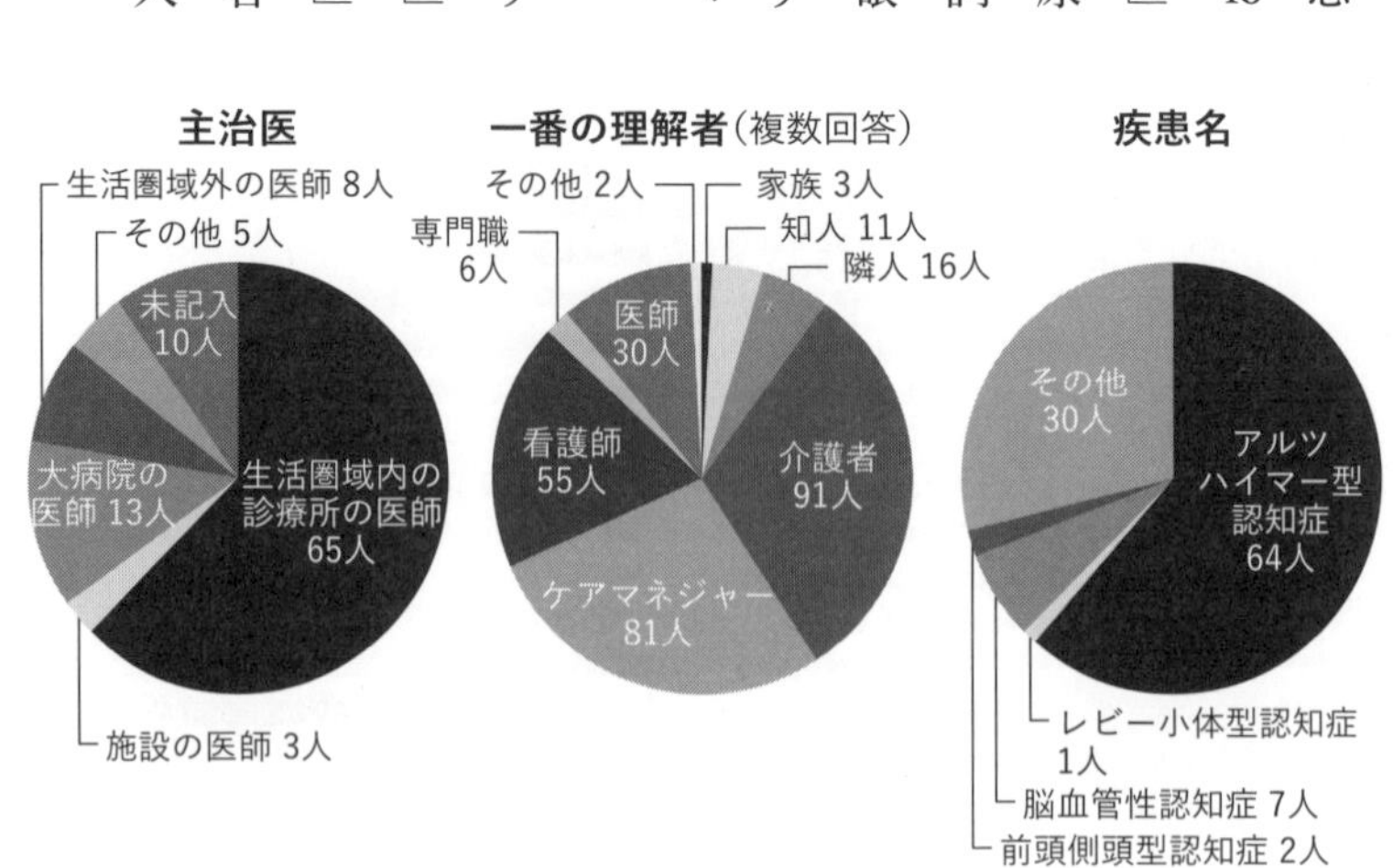

看護師55人、医師30人、隣人16人、知人11人、専門職6人、家族3人でした。主治医は生活圏域内の診療所の医師が65人、大病院の医師13人、生活圏域外の医師が8人、施設の医師が3人でした。抗認知症薬はアリセプト31人、メマリー11人、抗精神薬5人、イクセロン/リバスタッチパッチ4人、レミニール2人。そのほかに血圧の薬39人、心臓の薬22人、胃薬17人、糖尿病の薬12人、痛み止めの薬8人、脳血管系の薬8人、高脂血症治療薬4人でした。

ケアのプロは、どんな状態の人でもケアができます。しかし、外的な要因として理解力のある家族、地域、主治医がいれば、300人中104人が認知症になってもひとりで暮らせています。断らない、すぐに施設ケアや入院に頼らない訪問介護看護職員、ケアマネジャーに恵まれると、家で暮らしていけます。

そのような頼りになる人材が地域にいなければ、「看護多機能型ケアホーム」事業所のある地域に引っ越して、新しい人間関係をつくったほうが幸せな老後を送れると思います。

あすなら苑で定期巡回・随時対応型訪問介護看護を始めて6年、現在の利用者数は120人以上になります。利用者が自宅で安心して暮らせるように、訪問だけでなくデイサービスやショートステイの職員、ケアマネジャーもいっしょに、ケアのことを相談し合っています。

また、元気なうちからあすなら苑と関わって、要介護になってもなじみのある職員の支援を受けながら、住み慣れた場所で変わらない暮らしを続けてもらうことをめざしています。

chapter 10

みんなでつくるあすなら安心システム25

1 あすなら安心システム25とは

あすなら安心システム25とは、75歳から100歳までの25年間のライフワークづくりを安心して任せられるシステムのことをいいます。元気なときから永眠まで関わる次のような「ほっとかない」「ことわらない」システムです。

①事業所の生活圏域内に住んでいる75歳以上の人の安否確認（熱中症対策など）をするシステムをつくります
②サロンを月6回以上（送迎付き）行い、おしゃべり、食事づくりを通して社会性を保ちます

③ケアマネジャー、地域包括支援センター、看護師、介護福祉士、PT、OT、ST、歯科衛生士、管理栄養士などから学ぶ、介護予防のアドバイス・学習会を、サロンでします

④リハビリ体操、ゲームリハビリで筋力低下予防をします

⑤要支援になったら、リハビリ強化型デイサービス〈介護保険〉で筋力低下予防リハビリをします

⑥要介護になったら、あすなら安心ケアシステム〈看護多機能型ケアホームの包括ケア・包括報酬の介護保険〈新たな複合型サービスの開発〉〉を利用して、自立支援ケアを受けて重度化を防ぎます

⑦認知症になったら、あすなら安心ケアシステムで、環境を変えずにいっしょに時間を過ごせる人材を地域につくります。行方不明になったときの対応も確認して、あすなら安心システムをつくります

⑧入院したら、「退院受け入れ支援センター」で退院直後の受け入れ、在宅復帰のためのリハビリシステムをつくります

⑨退院後は主治医と訪問看護ステーションと介護職で連携して、生活の再建をします

⑩あすなら安心ケアシステムで社会性〈お出かけ、買い物、散髪など〉を保ちながら、できることを多くするケアをします

⑪看取りは介護職が泊まり込み、主治医、訪問看護師、家族と連携して最期まで同じ時間を

共有します
⑫永眠後は、葬儀、お別れ会なども家族とともに関わります

（2）あすなら安心システムを利用する

●元気なときから永眠まで利用したキヨさん

キヨさん〈93歳女性。主たる傷病名は僧房弁狭窄症術後〈ペースメーカー埋め込み〉、神経痛、心不全僧房弁狭窄術後。症状は心不全〉は、元気なときから永眠まで「認知症になってもひとりで暮らせる」あすなら安心システムの利用者でした。

あすなら苑の向かいにある住宅地でひとり暮らしだったキヨさんは、常々「ひとりで気ままに暮らしたい」と話し、元気な頃は10年来のサロン参加者でした。2018年6月17日に転倒し、その頃よりADLが低下したことから、息子のエイジさんが泊まり込んでいました。

7月20日に動けなくなり、入院になりました。入院中に誤嚥性肺炎を併発し、絶飲食の状態でしたが、キヨさんは「家に帰りたい。あたたかいお粥が食べたい」と訴え、エイジさんも娘のヒデミさんも「延命治療は考えていない。家に連れて帰りたい」と話していました。

入院中の担当医と往診の主治医の間でやり取りがあり、各部署が連携して退院前カンファレンスに参加して、在宅酸素を使用するという指示のもと退院することになりました。その後、尿路感染があり、心不全の治療もして、8月12日に退院しました。

9月から定期巡回・随時対応型訪問介護看護の利用が始まりました。退院直後から発熱がありましたが通院できず、主治医の往診で抗生剤の点滴治療を受けていました。

血液検査で炎症反応等の数値がそれほど高くなく、ほかに検査したほうがよいとの病院担当医の説明がありましたが、高齢でもあり、入退院を繰り返す可能性も考慮し、家族はキヨさんの「入院したくない」との意向をくんで在宅生活を選びました。エイジさんが主介護を担い、生駒在住のヒデミさんがフォローしていました。

当初から37度台後半～38度の発熱と下痢、食事量低下と体力低下があり、自力での体位変換もしにくくなっていました。点滴治療で37度代になり下痢が止まる日もありますが、水分やごはんが喉を通らなくなってきて、甘い栄養ゼリーなら食べられる、という状態です。それでも気丈なキヨさんは「痛い」とも「しんどい」とも訴えず、むしろ介護者を気遣っていました。

右の股関節手術の既往歴があり、左側を向きにくいため右半身に褥瘡の心配がありました。発赤部分への軟膏塗布やマットの選択の相談にのり、体位変換の仕方などの予防方法を家族に説明しました。介護職と看護職の同行時は、シャワーも「今日は寒いからいいです」などキヨさんの意向や体調に応じて適宜切り換え、足浴・清拭のケアを行っていました。

10月1日のエイジさんを交えたケア会議では、家族の思いを聞いて安心スタッフ（定期巡回・随時対応型訪問介護看護スタッフ）みんなでキヨさんの生活を支えていくことを再確認しました。

その後、日を追うごとに体調が悪化していきました。食事は数口になり、エネーボ（栄養剤）や高カロリーの口当たりのよいものしか受け付けなくなりました。

10月3日頃より痰がたまりやすくなり、自分で出すことが難しくなってきました。10月5日から吸引が必要になり、エイジさんにも方法を伝えて、苦しみが少なくなるようにケアを進めました。そんななかでも調子がいいときは、ベッド臥床になり好きなものを口にします。「何とかして口から食べさせてあげたい」という家族の思いがありました。

しかし10月7日に多量の下血があり、輸血の必要があるとの主治医からの説明で、家族は病院での治療を選択しました。最期まで自宅でという思いをどのように支えていくのか、看護師は揺れる家族に寄り添うように努めました。

10月19日に病院で退院前カンファレンス（病院担当医も同席）がありました。キヨさんは家に帰りたいと思っていました。エイジさんは「帰ってあたたかいお粥を食べたいと言っている。意識がしっかりしている分、家に連れて帰りたい」と話します。ヒデミさんも「病院にいたら安心だけど、本人がしっかりしている分、帰ってもらいたい。延命は考えていない」と話していました。

病院の担当医と往診医との間でやり取りがあり、家族、ケアマネジャー、訪問看護ステーションが連携しながら10月23日に退院となりました。

入院中、誤嚥性肺炎で抗生剤の点滴治療を受けましたが、トロミ水でもムセるため絶飲食状態でした。酸素も、外すとSpO_2（血中酸素飽和度）が80％後半まで低下するため継続しています。退院後も往診医の指示で在宅酸素を使用していました。

嚥下機能が低下しているため、食事は管理栄養士と家族、往診医、ケアマネジャーや看護師で相談しながら準備し、エイジさんが食事介助しました。訪問看護ステーションは、家族とのコミュニケーションも大切にして関わるよう努めました。

退院して1週間ほどたち、状態も落ち着いたところで、主介護者であるエイジさんに改めて在宅での看取りについて話を聞きました。姉のヒデミさんとも話し合い、「主治医とも同じ考えです」とのことでした。

「看取りの段階でしょうね。だから救急車も呼びません。病院に16日くらいいましたけど、一滴も飲ませてもらえなくて、24時間の点滴だけでしたので、それで1か月命が伸びたところでどうなのか」

在宅で看取るというのは、私たちもその人の人生の終わりに関わるということです。キヨさんの思いを大切にし、家族と多職種が話し合い連携をしていく必要性を強く感じました。キヨさんの状態の変化に対し、家族の気持ちが揺らいだり、毎日の介護でさまざまな負担を抱える家族の体調面・精神面への配慮が最後まで必要だと、介護職、看護職は考えました。「こんなことで先生に電話していいのか迷います」との言葉からも、私たちは家族の思いや不安などをていねいに読み取り、主治医と情報共有・相談をしていくことも大切だと感じました。

退院から3週間ほどたった頃からせん妄が現れ、酸素チューブを取ってしまったりベッドからずり落ちることなどがありました。エイジさんに介護疲れが出始め、2泊ほどショートステイを利用することになりました。その際エイジさんから「お風呂に入れてあげたい。もともとお風呂が大好きなのにずっと入れていない」と希望があり、主治医からも「いまのうちに入浴をぜひ」と提案がありました。

自宅に特殊浴槽を搬入する訪問入浴の案も出ましたが、何度も話し合い、座位を取ることができれば「10の基本ケア」である家庭浴に入ることも可能ではないかと、座位の練習をして、ショートステイの家庭浴槽で入浴しました。キヨさんはお風呂で自ら身体を洗い、「気持ちいいわ、生き返ったわ」と喜んでいました（1週間に7回以上湯船につかって入浴する高齢者は、週2回以下の高齢者に比べて要介護認定のリスクが約3割減少するとの調査結果を、千葉大学などの研究グループが2018年11月に発表した。入浴によるリラックス効果が認知症機能低下や抑うつの予防につながっている可能性があるという〈「日本経済新聞」2018年11月13日付〉）。

ショートステイではまた、言語聴覚士や管理栄養士と連携し、キヨさんがずっと希望していた揚げたての天ぷらを食べてもらいました。キヨさんは「みなさんよくしてくださって、お料理もおいしかった」と喜んでいました。

帰宅後もケアに入りましたが、次第に傾眠傾向になりました。そしてショートステイの利用から1か月たった12月22日、キヨさんは静かに息を引き取りました。

以下、看護師の記録です。

「入院されたままであれば、絶食が続き、ご家族と過ごす時間も少なかったでしょうが、思い切って決断して自宅に帰られ、再び食事を口にすることができ、ご家族と大切な時間を過ごし、何よりも住み慣れた自宅で最期を迎えることができたのは、何事にも代えられないことだと思われます。

最後、ご家族といっしょにエンジェルケアをさせていただきました。そのときは、家族にはもちろん悲しみもありますが、同時に最期まで看取ったという充実感のようなものが漂っていた気がします。娘さんが『これが一番最近に買ってあげた服なんです』とおっしゃりながら服を着せてあげられ、涙ぐみながらお化粧もしてあげられました。

今回、私たちは多職種で連携し、力を出し合うと不可能だと思っていたことが可能になったり、それがいい看取りにつながるということを学びました。また自宅での静かな看取りのよさを再確認しました。

今回の看取りに関わらせていただいて、キヨさんとご家族に感謝の気持ちでいっぱいです」

●地域包括ケアシステムを構築するための5つの課題

こうした経験をたくさん積み、あすなら苑では自宅での看取りが当たり前になっています。自宅で最期を迎えることに大切なのは、本人の意志とまわりの意志統一です。

本人が「自宅で死ぬ」と決意すれば、あとは家族や医療・ケアチームが迷わないことです。家族が不安になることはしばしばありますが、その気持ちをくみ、押し付けにならないように少しずつ説得します。本人がひとり暮らしの場合はそのプロセスが不要なので、ある意味スムーズです。条件を揃えられれば「認知症になってもひとりで暮らせる」ようになっています。

近藤克則千葉大学教授らとともに12月21日、キヨさんを訪ねました。翌12月22日が自宅での永眠でした。老衰でした。介護保険利用はわずか4か月でしたが、関わったのは10年以上で、あすなら安心システム25の事例になります。

キヨさん宅に同行した近藤教授はその後すぐ、協同福祉会の「10の基本ケア」と「あすなら安心システム25」についてまとめています。「生協10の基本ケア」「生活クラブ風の村の地域共生型社会の構築」「医療生協さいたまの挑戦」など、全国の仲間がこの本で参加をしました。

地域包括ケアシステムを構築するには何が不足しているのか。たくさんの課題があります。

①75歳以上の人が入院せず自宅で暮らせる方法はないのか

②入院してもオムツ、バルーン（尿道留置カテーテル）、鼻腔栄養をしない方法はないのか（寝たきり、拘縮、廃用、認知症の原因になっている）

③退院して自宅で暮らすとき、どんな症状でも「ことわらない」「ほっとかない」介護・看護サービスがあるのか

④地域医療として訪問看護師が中心になり、主治医と連携して生活をサポートする考え方になるだろうか

⑤医療業界が老人病院といわれていた医療保険適用の施設が名前を変えて、介護保険適用の施設になった。このようなことで自宅で暮らせる地域包括ケアシステムは構築できるのか

「地域包括ケア研究会」が提案しているすばらしい内容を実践して実績をつくり、先駆的な役割を「全国地域包括ケアシステム連絡会」メンバーが行うと思います。

この本が介護従事者にとってテキスト的な役割を発揮し、この本を読んだ市民のみなさんに「安心して老後を迎えることができる」と言ってもらえるようになれば幸いです。協同福祉会の職員は「事故」「失敗」を介護の質向上に変え、チャレンジを積み重ねてきました。今後もチャレンジしていきますから、いっしょに変化し続けましょう。

全国地域包括ケアシステム連絡会加入（１００団体）の生協、社会福祉法人などでこのあすなら安心システム25を構築していきます。市民、行政のみなさんも、この「あすなら安心システム25」をつくっていくことへの参加をお願いします。

全国地域包括ケアシステム連絡会
代表理事：村城　正、事務局長：大國康夫
TEL　０７４３-５７-１１６５（協同福祉会あすなら苑）
mail　y_ooguni@asunaraen.com

寄稿

協同福祉会の3つの思想と3つのシステム

国立大学法人千葉大学教授　近藤克則

社会福祉法人協同福祉会、あるいは「あすなら苑」といえば「地域包括ケア研究会」（厚生労働省事業）にも招聘されるなど先駆的な事例として知られ、「10の基本ケア」で有名になった。しかし、「10の基本ケア」は成果物の1つに過ぎない。すごいのは、その成果を生み出した「思想とシステム」である。それらがあったからこそ、「10の基本ケア」は生まれ、設立20周年に出版される本書『認知症なってもひとりで暮らせる』サービスが生み出された。

少なくとも3つの思想がある。1つ目は、「熱意とたくましさ」であり、2つ目は「地域を見る」、3つ目は「長い視点で考える」である。

思想1●熱意とたくましさ

彼らが熱意とたくましさをもって生み出そうとしているのは、地域や社会、あるいは時代が求めるサービスである。それは設立の母体となった市民生協ならコープの組合員の期待に応えるサービスというわけではなかった。組合員であっても、特に利用に特典があるわけではないからだ。

しかも、県民の約半数が加入するならコープが設立母体だからといって、拠点建設が必ずしも歓迎されてばかりではなかったエピソードも印象的である。最初の拠点「あすなら苑」から、2017年に開設した「あすならホーム高畑」まで、その建設計画が明らかになると反対運動が起きたという。対して、反対署名の数を大きく上回る賛成署名を集めたり、自治会総会でのシナリオなしの逆転劇があったり、そこには小説になりそうなドラマがあった。

「10の基本ケア」の一つひとつが生まれた過程にも、実は事件や葛藤があったという。なかには介護事故のつらい経験もあった。それを二度と起こしたくないという職員の工夫や議論の積み重ねのなかから、「10の基本ケア」は生まれた。だから10周年にあたって発表された「介護の基本」には「事故から学ぶ」とついている。個々のケア技術も確立され、リーダー的職員に受け入れられ、職員のなかに浸透し共有されるまでには、粘り強い取り組みがあった。

並の人たちなら途中で放り出して逃げたくなるような反対運動や介護事故に直面したときに、踏んばって耐え、やがて押し返し、負の経験を乗り越えて、むしろより高みに登ってしまった人々の熱意やたくましさ抜きには、「10の基本ケア」も協同福祉会も語れない。そして「認知症になってもひとりで暮らせる」サービスや地域を支える拠点づくりなどできなかっただろう。

思想2●地域を見る

2つ目の思想は、利用者やその家族介護者だけでなく、地域を見ることである。たとえば、「10

の基本ケア」と聞いて、思い浮かべる要介護者だけを対象に熱心に取り組んでいると思うのは誤解である。地域全体や元気な住民を視野に入れている。その対象は、介護給付の対象となる前の元気な高齢者だけではない。中学生や子ども食堂、シングルマザー支援、保育園・乳児を対象にしたサービスも提供している。地域包括ケアシステムの先にある地域共生社会づくりである。

元気な高齢者を対象にするサロンを見ても、地域に受け入れるための考え方や工夫をいろいろ生み出している。ほかの法人などであれば、ボランティア希望者がいれば誰でも歓迎していそうなものだが、協同福祉会はそう考えない。その人が地域をかき混ぜる恐れがあると見るや関わり方を変えてもらうよう話したり、参加をやんわりと断ることすらあるという。特別養護老人ホーム（特養）の職員ですら、担当地域をもっていることなどに第二の思想が現れている。

思想3●長い視点で考える

短い視点で見れば、転倒による事故予防のためには、ベッド柵や手すりが有用かもしれない。しかし長い目で見れば、ベッド柵や手すりをなくし、手で引っ張る力でなく、下肢への荷重や伸展力を必要とする環境づくりや介護方法が、事故予防につながる。

食卓のイスをはずして車椅子のまま食卓に向かわせたり、機械浴で入浴したりするほうが、短期的に見れば時間短縮につながる。しかし、それでは下肢筋力を使う生活リハビリの機会を失っている。それよりも食事のたびにイスに移乗させ、自分で浴槽に出入りすることを介助するほうが、1日に40回以上の起立・移乗が必要となり、2週間もすれば多くの要介護者が、少ない介助量でできるようになるという。長い視点で見ると、短期の視点で見たときの正解が誤りで、短期的に見たら不合理なことが長期的には合理的であることを、実践のなかで明らかにして定着させている。

長い視点は介護方法に留まらない。20周年を迎える協同福祉会は、自らの活動期間よりも長い25年という長い視点でサービスや職場・地域づくりを考えていることが、本書を読むとわかる。

ケアマネジャーが現時点の要介護者のアセスメントにもとづくだけでなく、将来を予測してケアプランを練っている。入所者のなかには、職員の親や叔父などの親族が珍しくないから、その人の人となり、生活史、価値観などを踏まえたケアプランだったりする。

保育所を卒園した子どもたちに対する学童保育や子ども食堂、シングルマザーが働き続けやすい職場づくりなどにも取り組んでいる。地域で暮らし続けることを支援するおもしろさに目覚めた職員が、作業療法士やケアマネジャーなど、もう1つの資格を取ることを支援したりしている。

〈3つのシステム〉

職員がこれらの3つの思想を受け入れ、伝承するうえで、以下の3つのシステムが果たしている役割は大きい。これら抜きで「10の基本ケア」や本書で示される「認知症になってもひとりで暮らせる」サービスなどを、単に技術研修で普及しようと思っても、おそらくうまくはいかないだろう。

システム1●大規模多機能型・居宅介護システム

国がつくったのは小規模多機能型居宅介護である。協同福祉会ももちろん取り組んでいるが、小規模では運営が難しいとして、1つの拠点に、それに加えてデイサービスやショートステイ、特養、サービス付き高齢者向け住宅（サ高住）、グループホームなどを併設している。個々の拠点でいえば中規模多機能型・居宅介護システムであるが、法人全体としては、大規模多機能型・居宅介護システムである。

その一方で、どこであっても、「10の基本ケア」などの考え方や入浴環境、それらの背景にある思想は一貫させている。ケアの仕方が一貫しているから、長期には合理的なケア方法になり、別のサービスに移っても、要介護者や家族が混乱せず利用を継続できている。

地域にある多面的なニーズに応えたり、25年もの長いスパンで見たりしようとすれば、単機能ではとても応えきれない。多機能である一方で、ケア方法や環境は共通化させて初めて支えることができている。

システム2●人事システム

多機能であることの利点を活かしているのも、支えているのも、数年ごとにいろいろな機能の職場での仕事を経験する人事システムである。それによって職員は、元気な頃から看取りまで、どのようなニーズがあり、時とともに変化していくのかを、経験を通じ理解していく。通いの機能から、訪問・入所（泊まり）まで、多様な機能があって初めて生活という複雑で多面的なニーズを支えることができること、いま担っている業務が全体のなかでどこに位置づくのかを学んでいく。

人事異動しても、拠点間でケア方法や環境は共通しているから、異動するたびにローカルルールを学ぶストレスが少ない。かつ、どこかで生まれた新しい工夫は、人事異動を通じてほかの職場にも伝えられていく。いま特養で働いている職員も、数年後には在宅担当になることを知っているので、担当地域をもつことに抵抗がない。それが次の職場での仕事に向けての準備教育にもなっている。

システム3●職員研修システム

採用時に「10の基本ケア」や法人内の多機能な拠点間での人事異動があることについて説明があり、それを受け入れられる人を採用している。入職後の研修には、「オフ」・ザ・ジョブトレーニングと「オン」・ザ・ジョブトレーニングとがある。前者では、初任者研修に始まり、サブリーダー研修、リーダー研修など、階層的な研修システムが機能している。また、あすなら苑の会議室で行われているヘルパー研修会に職員は勤務時間内に参加できる。

これだけなら多くの法人で取り組まれているかもしれない。ほかがマネしづらいのは、先述の2つのシステムを活用した次のような「オン」・ザ・ジョブトレーニングの取り組みである。ケアマネジャーをはじめとする職員の昼食は、利用者と同じものが提供される。しかも利用者と同じテーブルの空いているところで、顔見知りの入所者や職員と話しながら食事をしている。それによって、かつて自分が関わった人が数年後にどのように過ごしているのか、ライフステージや認知症の進行に伴う変化を学べる。かつてのケアプランがよいものであったのかどうかを自然にモニタリングし、振り返りの機会になっている。

また、巡回訪問に他職種とともに同行することで、ほかの職種の専門技術を学ぶ一方で、職種を超えて生活を支える共通のケア技術があることとその重要性を学ぶ。その結果、管理栄養士や理学療法士が、職場での研修会を受講してヘルパーの資格を取って、ヘルパーとして訪問したり、介護職員が作業療法士の資格を取って職場復帰したりすることが実現している。

以上のような3つのシステムに支えられた3つの思想から生まれたのが、本書で紹介される「認知症になってもひとりで暮らせる」サービスや拠点づくり、その実践例である。おそらく全国の平均的なケアと比べると、時代を20年くらいは先取りしている。その取り組みのすごさを本書を通じて実感する人が増えることを願っている。

「生協10の基本ケア」の取り組み

日本生活協同組合連合会福祉事業推進部長　山際　淳

「生協10の基本ケア」を30生協・法人が取り組んでいます。その内容を紹介します。

●なぜ「生協10の基本ケア」の導入・普及を進めるのか？

現在、全国の生協・関連法人では、協同福祉会が10年以上の歳月をかけてつくり上げてきた「10の基本ケア」に学び、全国のケアの標準版として「生協10の基本ケア」の導入・普及を進めています。２０１９年3月末現在、30生協・法人が「チャレンジ宣言」を行い、導入・定着の取り組みを進めています。

生協が「10の基本ケア」に着目し、その考え方とケアのあり方を生協ケアの標準とすることには、理由がありました。

協同福祉会が掲げる、利用者の尊厳を守り生活の再建により「ふつうの生活を取り戻す」こと、最期まで住み慣れた地域での在宅生活を継続するための仕組みを構築すること、これらの理念に共感し、その取り組みを全国に拡げることはいうまでもありません。

さらには、いわゆる「自立支援型サービス」、利用者の自然な生活動作に重点をおいた介助を行うケアについて、「サービスの見える化」を行い、ケアのあり方やサービス提供のあり方に一石を投じる必要があると考えたからです。また、「10の基本ケア」の考え方や方法論の普及により、法人業務のＰＤＣＡサイクルを回し、継続的なケアの質向上や職員の成長につながることが重要と考えました。

「10の基本ケア」の効果

日本生協連は、２０１８年度厚生労働省・老人保健健康増進等事業の補助事業を受託し、「10の基本ケア」の効果をはかる事業に取り組みました。

医療と異なり、介護の効果をはかるエビデンスについては、十分なものが存在していません。介護は、生活そのものを支えるものであり、利用者の生活や家族環境、生活歴、利用者本人の希望など、きわめて個別性の高い内容と関係しているため、ケアそのものの効果をはかるための条件設定がきわめて困難だからです。今回、多数の研究者にご協力いただき、「10の基本ケア」の効果が示されました。

利用者の生活動作に重点をおいた介助が、ＡＤＬの悪化を防止し、利用者とのコミュニケーションや本人の意向の尊重、利用者にとって安心できる場づくりや関係性の構築が「認知機能」や「意欲」「社会的関与」の悪化防止に寄与することが明らかになりました。特に、日常生活の基本動作のリハビリであるため、認知症の方にとっても実践しやすいものとなっています。

これらの貴重な結果を、国や社会にも拡げ、ケアのあり方やサービス提供のあり方、介護保険制度や認知症施策にも生かしていきたいと考えます。

●利用者を知り、地域を知る人材育成を

今回の職員調査結果では、「10の基本ケア」を実施する法人では、人材育成や能力開発、組織コミットメントでも優れているとの結果が出ました。

利用者の生きることの全体像を知り、多面的なものの見方ができるとともに、利用者にトコトン寄り添うことができる人材を育てることが大切です。また、地域がおかれた状況は、それぞれの地域でまったく異なります。高齢者を取り巻く生活環境や社会的インフラは地域によって違いますし、地域の資源や各組織の連携度合いも異なります。

利用者の願いや想いを引き出し、寄り添えるコミュニケーション力。利用者のくらしを支えるためには何が必要なのかを考えることができるアセスメント力。地域の資源を活用し、関係者をつなぎ、地域のしくみをつくるコーディネート力。

「10の基本ケア」を拡げる中で、そんな職員が各地に生まれることを期待しています。

「赤ちゃんから看取りまで」を確かなものに

社会福祉法人生活クラブ風の村理事長　池田　徹

共生型社会の構築にいち早く取り組まれ、生協を母体にした社会福祉法人として発展して55億円以上の規模になった生活クラブ風の村から、多くを学ぶことができます。

生活クラブ風の村は最近、「赤ちゃんから看取りまで」をキャッチフレーズにしています。もともとは高齢者介護事業から始まりましたが、保育、障害児者、さらには児童養護施設、乳児院の運営に至っています。そして、2019年中に特別養子縁組事業を始めるべく準備に入りました。

昨年から今年にかけて2件のショッキングな児童虐待死事件があり、これが児童福祉法、児童虐待防止法の緊急改正につながっています。この2件は、たまたまマスコミに大きく取り上げられ、それが対策の強化に結び付きましたが、子どもの虐待死(無理心中を除く)は実は十数年にわたって年間30～50件発生しています。ここ数年はその半数以上がゼロ歳児で、生まれたその日に亡くなっているケースが最も多いのです。ここからは、望まない妊娠を誰にも相談できず、中絶の機会も逸して、ついには人知れず出産して遺棄してしまうという、何とも悲惨な現実が見えてきます。

一方で、子どもがほしいのに授からないカップルがたくさん存在しています。これを結び付けて、血のつながっていないカップルの子として育ててもらう特別養子縁組の取り組みによって、一人でも虐待死する赤ちゃんを減らしたいと考えて、この事業に取り組むことにしました。「赤ちゃんから看取りまで」を「妊婦から看取りまで」に変更しなければと思っています。

君津市にある児童養護施設「はぐくみの杜」乳児院「赤ちゃんの家」には、親による虐待などの理由で55人の子どもたちが暮らしています。愛着障害をかかえた彼らが社会人として自立していくためには、一日一日の「丹念な日常」を構築していかなければなりません。

20年前に「社会福祉基礎構造改革」が提唱され、「措置から契約へ」の大転換がはかられ、介護保険法、障害者総合支援法など、契約による支援サービスが広がってきました。しかし現実には、子どもの虐待死をはじめ、行政、警察、民間支援機関などの網の目からこぼれる人たちが少なくないのが現実なのです。

2002年に提唱された「地域包括ケア」は、当初は高齢者を対象として構想されましたが、いまでは、地域のすべての人がその人らしく地域社会で暮らし続けることをめざし、インクルージョンの思想にもとづく「地域共生社会」を到達目標としています。これを実現するためには、網の目をできるだけ細かくして、誰一人孤立しない地域社会をめざしていかねばなりません。児童養護をはじめ母子支援、救護施設など、措置制度にもとづく支援の必要性が改めて求められているといってよいでしょう。
社会福祉事業法によって措置制度の担い手であった社会福祉法人は２０００年以降、企業、ＮＰＯ等とともに介護保険法、障害者総合支援法にもとづく事業を中心に行っていますが、貧困、格差、孤立が広がり、制度の網からこぼれる人が増えている現代社会において、社会福祉法人の役割が改めて問われています。

地域包括ケアの医療生協の挑戦

医療生協さいたま生活協同組合事業統括部長　林　岳人

医療生協として、日本で一番大きい（２００億円以上の規模）医療生協さいたま生活協同組合は「生協10の基本ケア」のチャレンジ宣言をして、大きなうねりをつくり動き出しています。

医療生協さいたまは埼玉県全域を定款地域とし、23万人の組合員がいます。県内各地に医科事業所が14か所、介護事業所が22か所あります。各事業所はそれぞれの地域で組合員とともに、医療から介護、そして地域での助け合いまで幅広く活動しながら、「つなぐ安心　明日もいきいき」

をテーマに地域の安心ネットワークづくりを進めています。

医療生協さいたまの地域包括ケアの取り組みで重点としているのは、①地域の見える化、②地域の関係づくり、③在宅生活を支える事業づくりです。

地域の見える化では、併設や近隣に設置されている連携事業所ごとに事業エリアを設定し、それぞれに地域包括ケア推進プランを作成しています。地域のなかでどんな人や事業所とつながり連携しているのかを見える化し、組合員と職員が地域のなかでつながりを広げる行動を起こすことが目的です。今後は推進プランをブラッシュアップしていくことが課題になっています。

地域の関係づくりでは、組合員や地域住民が定期的に集まる場づくりとして、健康づくりをみんなで行う「健康ひろば」と、気軽におしゃべりや趣味を楽しむ「安心ルーム」を県内約250か所で開催しています。安心ルームの参加者が増え、介護予防・日常生活支援総合事業の通所サービスBを受託するところも出てきました。

生協組合員の活動単位である支部は県内に約160あり、支部や班の単位で健康づくりや介護予防の取り組みを進めています。最近は、笑いケア体操、キャップバッグ体操などで楽しみながらフレイル予防にも取り組んでいます。

また13自治体で、日常のちょっとした困りごとを組合員同士で助け合う有償ボランティア「くらしサポーター」をしています。のべ依頼件数は年間約2000件で、組合員以外からの依頼も増加中です。

　在宅生活を支える事業づくりでは、利用者の尊厳を守りその人らしい在宅生活を送るための「10の基本ケア」に、２０１８年度から取り組み始めました。浸透させていくにはまだまだ課題は多いのですが、中長期的に進めていくことにしています。施設展開的には地域密着型サービスや「泊まり」の機能がこれまで事業展開上の弱点になっていたため、今後は小規模多機能などの開設を進めていく予定です。


　地域包括ケアのなかで、認知症になっても住み慣れた地域で暮らし続けることができるようにすることは、とても重要な課題だと考えています。医療生協さいたまでは、認知症政策として「認知症の人の願いと私たちの医療・介護・地域づくりプラン～認知症の新時代を切り開くために～」を２０１６年11月にまとめました。このプランでは、認知症は一度獲得された認知機能が低下した状態の総称であることから、認知症患者として狭義に捉えるのではなく、地域で暮らす「認知症の人」として捉え、認知症を正しく学び、認知症の人の人権や意思が尊重され、認知症の人とその家族、組合員、職員、地域住民が力を合わせ、誰もが住み慣れた地域でその人らしく生きている姿をめざしています。

　そのための目標は5つです。
①認知症を正しく理解し、認知症の人を含む高齢者にやさしい地域づくり

②認知症の人への保健、医療、介護の提供と体制整備の促進
③認知症の状態に応じたサービス提供と、くらしを支えるための他の地域資源との連携
④認知症緩和ケアの取り組みとその人らしい生き方の支援
⑤介護を良くする運動の促進

これらの実践を通して、地域包括ケアのなかで医療生協さいたまが地域から期待されている役割を果たしていきたいと考えています。

わが町における「小規模多機能型居宅介護」前史

社会福祉法人美瑛慈光会理事長　安倍信一

かつてケアマネジャーとして居宅介護支援をしていた頃、最も頭を悩ませたのは、〝ひとり暮らしの認知症のお年寄りたちの在宅〟をどのように支えるのか、ということだった。いや、そればかりではない。家族と同居していても「日中独居」という状態がある、美瑛町は農業の町なので、農繁期ともなれば家族は早朝から夜遅くまで、天候とにらみ合わせで長時間にわたって家を空けるため、その間ひとりになってしまう認知症のお年寄りが大勢いた。

当然のことながら、そうした家族たちの不安感は強い。「自分たちがいない間に何か起これば仕事にならなくなる」という不安感だ。

だから出てくるのは「家族として親を施設に預けてしまったほうが安心なんだ」という言葉である。こうした家族の不安感に対して、当時の介護サービスも私の力量も、あまりに無力だった。それはそのまま、施設入所への流れを強めてしまうことになる。これでは「居宅介護〝支援〟事業所」ではなくて「居宅介護〝断念〟事業所」ではないか、というのが当時の私の忸怩たる想いだった。

ただ、そこであきらめるわけにはいかない。

平成14年の1月、手始めとして北海道新

老い上手 ▶329

僕の初夢 通えて泊まれて住める家を

「迎える高齢期　グループに望み膨らむ」というタイトルの、痴ほう症の高齢者介護を取り上げた北海道新聞の社説（一月七日）が、僕の心の琴線に触れた。それは僕がこんなことを考えていたからだ。

まず、ごく普通の一軒の民家を借りるか、買うなどし、お年寄りが使いやすいように少し改造する。そこで痴ほう症のお年寄りたちのための小規模のデイサービスを始めるのだ。スタッフは、利用する人たちがなるべく自分の力で日常生活ができるような方法でお世話をしてゆく。

痴ほう症の介護には、症状をそれ以上進めないためのちゃんとした方法論がある。利用時間は、家族が介護のために仕事をやめなくても済むよう、弾力的な時間設定ができるようにしなければならない。また、必要なときには宿泊（ショートステイ）もできるようにする。こうして、大変な思いをしつつも、できる限り在宅介護を続けていきたいと考えている家族と本人を、まず支える。

家での暮らしがいよいよ難しくなったら、ここに引っ越してきて住めるようにもしておかなければならない。この「住まい」の部分は多分、建て増ししなければならないが、できる限りさまざまな人々の手を借りて、手づくりでやる。そのプロセスが大切なのだ。

そう、これは、普通の民家を舞台に、「宅（託）老所」が切り開いてきた実践の延長線上にあるものなのだ。この「住まい」の部分は「グループホーム」という位置付けになる。

こんな場所が町の中に幾つかあれば、どうだろうか。施設を退所してここに移り住む人も出てくるだろうし、痴ほう症の高齢者が「在宅」で暮らせる可能性が大きく広がることになる。

さて、この通えて、泊まれて、住める「グループホーム付の宅老所」での僕の役割はどうか。

ここでは、小グループなので、一人ひとりの気持ちがよく分かる。僕たちスタッフと利用者がともに毎日の生活をつむいでゆく。

僕はまず送迎車の運転手であり、お年寄りの遊び相手でもある。もちろん介護者でもあるが、大工や庭師で農夫でもある。そして時には料理人ですらある…なんてことを考えているだけで、どんどん楽しくなってくるなあ。

（安倍信一・特別養護老人ホーム美瑛慈光園施設長）

「北海道新聞」2002（平成14）年1月19日付

聞のコラムに別掲のような文章を書いた。これは「〝宅老所〟をやるぞ‼」という宣言でもあったが、なんとその年の12月の暮れに開所することができたのである。この宅老所には「虹」という名称がつけられた。これは法人の力というよりは、すべてこの町の住民たち、力を貸してくれた仲間たち（行政マンも）のおかげだった。

立ち上がった「虹」には厚生労働省の方たちも大勢視察にこられたが、思いもよらず平成18年に「小規模多機能型居宅介護」が制度化され、「虹」の住まい以外の機能は「小規模多機能型居宅介護」として再出発することになった。家族らは「いままでよりも使い勝手がよくなって仕事と介護が両立する」と喜んでいた。これは「介護離職」に対して「小規模」、という答えがここにあったということである。

そしてもう1つ……「虹」の利用者24名のうち12名、半分は独居の高齢者たちである。認知症のひとり暮らしのお年寄りたちであっても、「小多機があれば地域のなかで暮らせる」というもう1つの答えもここにあったということである。

間違いなく「虹」での実践が、美瑛町における地域包括ケアの原点である。

あとがき

いかがでしたか。「なるほど、認知症になってもひとりで暮らせる」と思ったり、「いやー、本当にこんなことができるのか」と感じたり、それぞれだったと思います。

本書を編集するにあたり、何があれば認知症になってもひとりで暮らせるのか、編集委員でワークショップを行い、思いを出し合いました。そのなかで共有したのが、第2章から第8章までの項目です。

協同福祉会が取り組んでいる事例を見ると、一人になっても何とかひとりで暮らせると思えてきます。親身になってひとりの暮らしを支える事業者があるのは、心強いことです。けれども、協同福祉会のような介護をしている事業所は、まだまだ多くはありません。このような介護サービスが当たり前の社会になればいいと、本当に思います。自分の20年先を考えたとき、暗い気持ちにはなりたくありません。そのためにも、協同福祉会の取り組みが広がらなければ、と思います。

それと同時に感じたことは、誰かに手を差し伸べられるのを受け身で待つのではなく、自らも地域の住民として、高齢者のひとり暮らしを受け入れ、支える地域社会を、施設といっしょになってつくっていくことが大切だということです。

25年スパンでその人に関わって支えていく「あすなら安心システム25」、ある意味気の遠くなるような取り組みで、まだまだこれからのことですが、このシステムが当たり前にどこでも行われるようになれば、自分自身が、あるいは家族が認知症になっても大丈夫、ひとりで暮らせるのだろうと思います。

難しいことも多々あるとは思いますが、これまでも、オムツを巻かない介護や自宅での看取りなど、「えー、そんなことが本当にできるの」ということを可能にしてきた協同福祉会ですから、大いに期待したいと思います。私たちの明るい明日のために。

社会福祉法人協同福祉会
理事　辰谷直子

10の基本ケアについて

〝10の基本ケア〟は、なじみのある地域でいつまでもずっと暮らし続けたいという当たり前の願いを実現していくための考え方です。

日常生活での自然な動きを尊重した生活リハビリを行い、利用者の自立した在宅生活を実践するためのケアでもあり、第1から順番に行い生活の基盤をつくるケアでもあります。

①換気をする……ケアの基本は、換気です。新鮮な空気を取り入れ、衛生的な環境を守ることからケアが始まります。感染症の拡大を予防するケアです。

②床に足をつけて座る……床に足をつける習慣を身につけることによって、足に筋力がつき安定した座位が取れるようになります。手をつき立ち上がれるようにもなります。生活リハビリで転倒骨折ゼロをめざしています。

③トイレに座る……人間の守るべき尊厳の基本はトイレで排泄することです。トイレに座ることにより自然排便を促すことができ、便秘を予防することができます。オムツゼロをめざします。

④あたたかい食事をする……自分で調理をしたり、盛り付けしたり、いいにおいを感じながら親しい人と楽

しく食べることで社会性を保ちます。誤嚥防止のために、食事前に口腔ケア体操も行います。

⑤家庭浴に入る……湯船にゆったり浸かる習慣は日本のすばらしい文化です。生活リハビリを継続し、生活の基盤をつくり自分の力でお風呂に入れるケアを行います。

⑥座って会話をする……安心感をもってもらえるように、座って会話を行います。若年性認知症の人も含め、認知症への理解を深め、社会から隔離しないケアを行い、家族をサポートできる職員を育て、施設内ケアから町内ケアで見守ります。認知症ケアで行方不明ゼロをめざしています。

⑦町内におでかけをする……買い物や外食に出かけて、地域住民と触れ合うことは社会性を保つために大切なことです。行事ではなく、外出を生活の一部として行います。

⑧夢中になれることをする……自分らしく、好きなことに夢中になれる機会や、居場所づくりに取り組みます。

⑨ケア会議をする……自分の街で住み続けられるよう、社会性と暮らしを守る「あすなら安心システム25」の〝ケアプラン〟をつくり、職員はチームでケアできる体制を整え、家族を含めサポートします。

⑩ターミナルケアをする……元気なときから人生の最期まで、訪問看護の強化と地域医療との連携で、自宅でのターミナルケアを支えます。

協同福祉会の基本目標と理念

基本目標

お年寄りから子どもまで、みんなが安心して暮らせる地域や町であって欲しい。
それが、私たちの願いです。

私たちの使命（ミッション）

WHO

私たちは、老後や介護に不安を持っておられる高齢者やご家族の方に、施設や住み慣れた地域で、安心して暮らしていただくことをめざします。

私たちは、子どもと親が安心して育ちあえる社会環境をめざし、働きながらの子育てや地域で子育てされている家族を応援します。

WHAT

私たちは、それぞれの人生を可能な限りその人らしく生活していただくために、質の高いケアと情報を提供します。

私たちは、子どもの全面的な成長と発達を保障する質の高い保育と家族のニーズに合ったサービスを提供します。

HOW

私たちは、お年寄りや子どもたち、家族の皆さんを中心として、多くの人たちと協力・協同しあい、豊かな福祉文化をはぐくみ、より良い生活環境をつくるために、日々の学習と実践の積み重ねを大切にします。

PROMISE

私たちは、いつも正直かつ誠実に対応し、地域に開かれた信頼される組織であることを約束します。

CULTURE

私たちは、お年寄りや子どもたち、家族の皆さんと喜びを共有する中で、働き甲斐と誇りを持ち、安心して働き続けられる職場、笑顔あふれる職場をめざします。

私たちの理念

20年の歩み

1999年~2007年

1999年
- 8月　特養「あすなら苑」竣工式
- 9月　「あすなら苑」開設
  「つくる会」を「育てる会」に名称変更
  特養にワーキングサークル喫茶「み・あんど」が開店

2000年
- 3月　第1回「あすなら苑を育てる会」総会
  ニュース「あすならひろば」の発行
- 4月　措置制度から介護保険制度へ移行
- 8月　第1回納涼まつりを開催
- 9月　ならコープ福祉月間、第1回「あすなら祭」を開催

2001年
- 6月　深井戸を設置し、井戸水の活用を始める
- 10月　オムツ外しの取り組みを開始

2002年
- 2月　評議員会を設置
- 3月　ターミナルケア(終末介護)方針を策定
- 5月　利用者の「よそいき企画」を開始
- 10月　部内報(第1号)を発行

2003年
- 5月　一対一の入浴に変更
- 10月　訪問介護事業(ホームヘルプサービス)を開始

2004年
- 3月　あすなら苑に「サークルおてんとさん」と奈良県初の市民共同発電を設置(20kW)
- 5月　食事方法の改善(温冷配膳の仕組みを導入)
- 7月　「特養」家族の会を結成
- 9月　あすなら苑開設5周年企画を開催
- 12月　「特養」浴室の増設(家庭浴の設置)

2005年
- 9月　第1次中期計画(五ヵ年計画)の策定
- 11月　「あすならホーム菜畑」開設

2006年
- 3月　協同福祉会の教育計画を策定
- 4月　オリジナルなケアを「10の基本ケア」として整理
- 5月　地域を支える「地域福祉拠点政策」を策定

2007年
- 1月　「あすならホーム二階堂」開設
  「まちかどネット」の立ち上げ
- 4月　利用料の「自動引き落としシステム」を導入
  第1回リーダー育成セミナーの実施
- 5月　ならコープより「育てる会」事務局を協同福祉会に移管
- 10月　ならコープの訪問介護を協同福祉会に移管
- 11月　「あすならホーム郡山」開設

20年の歩み
2008年～2013年

2008年

1月　あすなら苑で認知症デイサービスを開設

4月　働きがいとやりがいをめざして「新人事諸制度」を導入
　　大和郡山市より「かんざん園」の業務を移譲（受託）

7月　「あすならホーム筒井」開設
　　21世紀職業財団より「職場風土改革促進事業主」の指定を受ける

2009年

9月　10周年を記念して「みまもり地蔵」を建立（あすなら苑）

10月　10周年記念「坂本冬美コンサート」を開催
　　創立10周年記念式典を開催

11月　「あなたの大切な人を寝たきりにさせないための介護の基本」を出版

2010年

2月　「あすならホーム東生駒」開設

4月　「あすならホーム富雄」開設
　　「あすなら苑を育てる会」を「あすなら友の会」に名称変更

7月　子育てサポート「くるみんマーク」認定事業所の指定を受ける

2011年

3月　第2次中期計画（五ヵ年計画）の策定

4月　「あすなら保育園」開設
　　保育園に「市民共同発電」（10kW）を設置

7月　「あすならホーム天理」開設
　　震災支援の金魚すくい大会を石巻市・女川町で開催（2018年まで8年継続）

2012年

2月　「あすならホーム西の京」開設

6月　大和郡山市「第三地域包括支援センター」業務を受託

7月　「あすならホーム槺本」開設

9月　「定期巡回・随時対応型訪問介護看護」（あすなら安心システム）事業開始

2013年

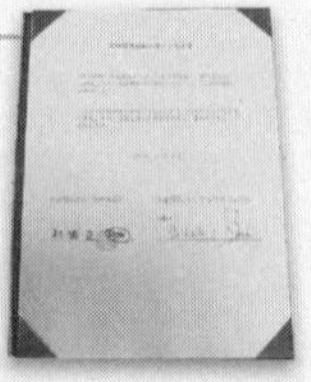

2月　東日本大震災チャリティ「加藤登紀子コンサート」開催

3月　「奈良県社員・シャイン職場づくり推進企業」表彰を受ける

4月　「ユニバーサル就労」の取り組みを開始

11月　韓国「カチョン老人福祉センター」と姉妹提携

20年の歩み 2014年～2020年

2014年
- 1月　あすなら苑に市民共同発電2号機を設置（10kW）
- 2月　「あすならハイツあやめ池」開設
- 4月　人事諸制度を改定
- 5月　「人間力回復」出版
「あすならホーム柳本」開設
- 8月　「あすならホーム今小路」開設
- 10月　創立15周年記念式典を開催

2015年
- 5月　第3次中期計画（五ヵ年計画）の策定

2016年
- 4月　社会福祉法人制度改革スタート
「あすならハイツ恋の窪」開設
- 7月　「あすならホーム畝傍」開設

2017年
- 3月　奈良県福祉・介護事業所認証制度認証
- 4月　社会福祉法人制度改革に基づく評議員会の設置
奈良県地域包括ケアシステム協議会設立（52団体）
「あすならホーム高畑」開設
奈良市「富雄西地域包括支援センター」業務を受託
- 5月　「あすならホーム桜井」開設
- 7月　全国地域包括ケアシステム連絡会設立（85団体）

2018年
- 3月　上野千鶴子氏公開講演会開催
- 4月　あすなら苑に「退院受け入れ支援センター」、「訪問看護ステーション」開設
- 5月　日本生協連が「生協10の基本ケア」の運用を開始
- 7月　全国地域包括ケアシステム連絡会学習交流会開催
- 9月　韓国姉妹提携先を訪問
- 12月　あすならホーム西の京に奈良市補助事業の市民共同発電設置（6.42kW、蓄電池5.6kWh）

2019年
- 3月　全国地域包括ケアシステム連絡会が「次期介護報酬改定に向けた提言書」提出
ベトナム人留学生受け入れ
- 4月　初任者研修を法人主催で開催
- 9月　ベトナム人技能実習生受け入れ
- 11月　創立20周年記念式典を開催
「認知症になってもひとりで暮らせる」出版

2020年
- 春　「あすならホーム山の辺」開設予定
「あすならホーム高田」開設予定
「あすならホーム桜井」増築・開設予定

参考文献

大國康夫『人間力回復―地域包括ケア時代の「10の基本ケア」と実践100―』クリエイツかもがわ、2014年
上野千鶴子『おひとりさまの最期』朝日新聞出版、2015年
近藤克則『健康格差社会への処方箋』医学書院、2017年
近藤克則『長生きできる町』角川新書、2018年
時田純『生老病死と介護を語る―他者への献身が豊かな人格を創る―』日本医療企画、2018年
森一成・渡邊佑『介護経営イノベーション』総合法令出版、2019年
村城正『海鳴りの詩―愛と哀しみの日々に生きて』文芸社、2016年
コンシューマーズ京都監修／西山尚幸・川口啓子・奥谷和隆・横尾将臣編著『老いる前の整理はじめます！―暮らしと「物」のリアルフォトブック』クリエイツかもがわ、2019年

編集委員
辰谷　直子　社会福祉法人協同福祉会理事
中野　素子　社会福祉法人協同福祉会理事（市民生活協同組合ならコープ理事長）
鳥野　純子　社会福祉法人協同福祉会評議員
高良　光江　社会福祉法人協同福祉会評議員
牧　　理恵　社会福祉法人協同福祉会評議員
大國　康夫　社会福祉法人協同福祉会常務理事
安部　裕則　社会福祉法人協同福祉会エリアマネージャー／施設長
石丸　大輔　社会福祉法人協同福祉会施設長
石塚由美子　社会福祉法人協同福祉会副施設長
貫代　増美　社会福祉法人協同福祉会主任（人材開発部）

イラスト：大國康夫、河合舞依、杉本英雄
写真：山尾紘平

問い合わせ先
社会福祉法人　協同福祉会
TEL0743-57-1165　FAX0743-57-1170
〒639-1126 奈良県大和郡山市宮堂町 160-7
info@asunaraen.com

認知症になってもひとりで暮らせる

2019年11月30日　初版発行

著　者●ⓒ社会福祉法人協同福祉会
発行者●田島英二
発行所●株式会社 クリエイツかもがわ
〒601-8382　京都市南区吉祥院石原上川原町 21
電話 075(661)5741　FAX 075(693)6605
URL　http://www.creates-k.co.jp
info@creates-k.co.jp
郵便振替　00990-7-150584
ISBN978-4-86342-281-0 C0036

認知機能障害がある人の支援ハンドブック
当事者の自我を支える対応法

ジェーン・キャッシュ＆ ベアタ・テルシス／編著　訓覇法子／訳

認知症のみならず高次脳機能障害、自閉症スペクトラム、知的障害などは、自立した日常生活を困難にする認知機能障害を招き、注目、注意力、記憶、場所の見当識や言語障害の低下を起こす。

2200円

認知症のパーソンセンタードケア
新しいケアの文化へ

トム・キットウッド／著　高橋誠一／訳

認知症の見方を徹底的に再検討し、「その人らしさ」を尊重するケア実践を理論的に明らかにし、世界の認知症ケアを変革！ 認知症の人を全人的に見ることに基づき、質が高く可能な援助方法を示し、ケアの新しいビジョンを提示。

2600円

認知症の人に寄り添う在宅医療
精神科医による新たな取り組み

平原佐斗司／監修　内田直樹／編著

認知症診療に、在宅医療という新たな選択肢を！　精神科医や認知症専門医が病院を飛び出すことで、認知症診療に与える新たな可能性とは。認知症在宅医療の最先端を紹介。

2200円

認知症ケアのための家族支援
臨床心理士の役割と多職種連携

小海宏之・若松直樹／編著

経済・環境・心理的な苦悩を多職種がそれぞれの専門性で支援の力点を語る。「認知症という暮らし」は、夫婦、親子、兄弟姉妹、義理……さまざまな人間関係との同居。「家族を支える」ことは、多くの価値観、関係性を重視するまなざしである。

1800円

老いる前の整理はじめます！　暮らしと「物」のリアルフォトブック

NPO法人コンシューマーズ京都／監修　西山尚幸・川口啓子・奥谷和隆・横尾将臣／編著

最期は「物」より「ケア」につつまれて―。
自然に増える「物」。人生のどのタイミングで片づけはじめますか？
終活、暮らし、福祉、遺品整理の分野から既存の「整理ブーム」にはない視点で読み解く。
リアルな写真満載、明日に役立つフォトブック！

1500円

人間力回復　地域包括ケア時代の「10の基本ケア」と実践100

大國康夫／著（社会福祉法人協同福祉会）

介護とは、人を「介」し、尊厳を「護る」こと。最期まで在宅（地域）で暮らし続けられる仕組みを構築すること。施設に来てもらったときだけ介護をしてればいいという時代はもう終わった！これからの「地域包括ケア」時代における介護のあり方、考え方に迫る。

2200円

あなたの大切な人を寝たきりにさせないための　介護の基本
あすなら苑が挑戦する10の基本ケア

社会福祉法人協同福祉会／編

施設内に悪臭・異臭なし。オムツをしている人はゼロ！　全員が家庭浴に。 開所まもない頃の介護事故を乗り越え、老人たちのニーズをその笑顔で確認してきた「あすなら苑（奈良）」。最後までその人らしく生活できる介護とは―。

1800円

http://www.creates-k.co.jp/

老いることの意味を問い直す　フレイルに立ち向かう

新田國夫／監修　飯島勝矢・戸原玄・矢澤正人／編著

65歳以上の高齢者を対象にした大規模調査研究「柏スタディー」の成果から導き出された、これまでの介護予防事業ではなしえなかった画期的な「フレイル予防プログラム」＝市民サポーターがすすめる市民参加型「フレイルチェック」。「食・栄養」「運動」「社会参加」を三位一体ですすめる「フレイル予防を国民運動」にと呼びかける。　2200円

2刷

食べることの意味を問い直す　物語としての摂食・嚥下

新田國夫・戸原玄・矢澤正人／編著

医科・歯科・多職種連携で「生涯安心して、おいしく、食べられる地域づくり」「摂食・嚥下ネットワーク」のすぐれた事例紹介！ 医科・歯科の臨床・研究のリーダーが、医療の急速な進歩と「人が老いて生きることの意味」を「摂食・嚥下のあゆみとこれから」をテーマに縦横無尽に語る！　2200円

健康長寿　鍵は“フレイル（虚弱）”予防

自分でできる３つのツボ

飯島勝矢／編著

みんなが笑顔になる“目からウロコ！”のフレイルチェック。フレイル研究の第一人者が贈る、新たな科学的知見（エビデンス）に基づく、フレイル予防の基礎知識から導入まで。　2000円

生き方、逝き方ガイドブック

最期の暮らしと看取りを考える

With [SERIES] ウィズシリーズ

新田國夫／監修　朝日新聞厚生文化事業団／編

最期まで家で暮らしたい。

人は誰しも高齢になると不安になる。超高齢社会…病院で死ねない・死なない時代に最期まで納得のいく生き方をまっとうするための画期的なガイドブック。　1700円

2刷

認知症ケアこれならできる 50 のヒント

藤本クリニック「もの忘れカフェ」の実践から

奥村典子・藤本直規／著

藤本クリニックの「もの忘れカフェ」の取り組みをイラストでわかりやすく解説。三大介護の「食事」「排泄」「入浴」をテーマにした、現場に携わる人へ介護のヒントがたくさん。【長谷川和夫先生すいせん】　2000円

必携！認知症の人にやさしいマンションガイド

多職種連携からみる高齢者の理解とコミュニケーション

一般社団法人日本意思決定支援推進機構／監修

「困りごと」事例から支援や対応のポイントがわかる。居住者の半数は60歳を超え、トラブルも増加しているマンション。認知症の人にもやさしいマンション環境をどう築いていくか。認知症問題の専門家とマンション管理の専門家から管理組合や住民のみなさんに知恵と情報を提供。　1600円

実践！認知症の人にやさしい金融ガイド

多職種連携から高齢者への対応を学ぶ

一般社団法人日本意思決定支援推進機構／監修　成本迅・COLTEMプロジェクト／編著

認知症高齢者の顧客対応を行う金融機関必携！　多くの金融機関が加盟する「21世紀金融行動原則」から、金融窓口での高齢者対応の困りごと事例の提供を受け、日々高齢者と向き合っている、医療、福祉・介護、法律の専門職が協働で検討を重ねたガイド書。　1600円

2刷